U0933940

Big picture
mother

杜星霖 著

妈妈的格局

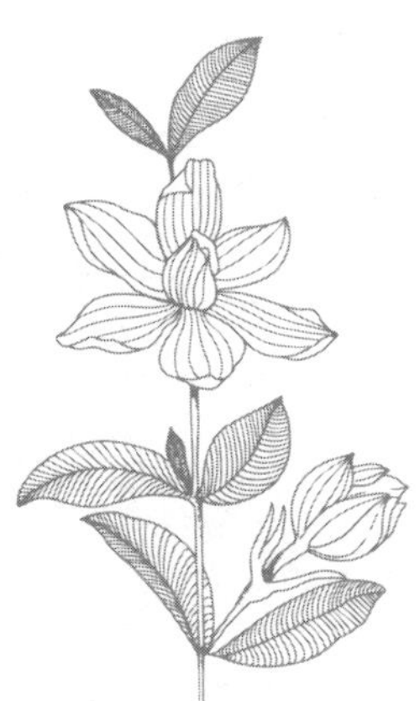

江苏凤凰文艺出版社
JIANGSU PHOENIX LITERATURE AND ART PUBLISHING

图书在版编目（CIP）数据

妈妈的格局 / 杜星霖著. -- 南京 : 江苏凤凰文艺出版社, 2022.9（2024.6重印）

ISBN 978-7-5594-6854-3

Ⅰ. ①妈… Ⅱ. ①杜… Ⅲ. ①家庭教育 Ⅳ. ①G78

中国版本图书馆CIP数据核字(2022)第081439号

妈妈的格局

杜星霖　著

特约策划	李　琴
责任编辑	白　涵
封面设计	末末美书
版式设计	曹　敏
出版发行	江苏凤凰文艺出版社
	南京市中央路165号，邮编：210009
网　　址	http://www.jswenyi.com
印　　刷	环球东方（北京）印务有限公司
开　　本	880mm × 1230mm　1/32
印　　张	6.75
字　　数	122千字
版　　次	2022年9月第1版
印　　次	2024年6月第2次印刷
书　　号	ISBN 978-7-5594-6854-3
定　　价	45.00元

自序
好女人，好妻子，好妈妈

这是一本亲子家教的书，但在讲孩子的教育问题之前，我花了较多文字去讲怎么做一个好女人、好妻子。

你可能会觉得奇怪，这是在干什么？凑字数？

我想反问一句，如果你连女人都做不好，妻子都当不好，又怎么能成为一个好妈妈呢？

在成为一个好妈妈之前，你首先要是一个好女人，自身要有一个好的生命状态，才能给予孩子高品质的爱；你也需要是一个好妻子，才能建设一个幸福而完整的家庭，给孩子一个良好的成长环境，一个爱的摇篮。

养育孩子，任重而道远。

我身边有很多成年人喜欢抱怨自己的原生家庭——

“如果我妈没有强迫症……”

“如果当初他们好好的，不是老吵架……”

“如果我妈不是老打击我，我也不会……”

我就是没有如果的那个人，在一个不如意的家庭环境中长大，用半生治愈童年。我学习了很多心灵成长、自我疗愈、夫妻关系等各方面的课程，甚至学习了心理学，以实现生命内在的探索、成长和自我救赎。

我切身体会到，如果没有得到父母充足的爱，没有在父母正确的养育方式之下成长，这个幼小的生命会受多少苦。

为人父母是需要学习的。

既然养育了孩子，就应该给这个生命独立自由、快乐发展的人生基石；就应该在童年，给孩子充足的爱，给予孩子树立健全人格、养成正确的人生观和价值观、形成健全的内在生命状态的丰厚滋养。

因为我真正懂得，如果父母不懂得亲子教育，不懂得如何去爱孩子，没有意识到父母的一言一行对孩子一生的影响有多么重要，意味着什么。

孩子的童年一晃就过去了，可童年的影响将持续一生。父母对待孩子不恰当的方法——也许是把他遗弃到什么地方，也许是不经意之间的一个嫌弃、一个打击、一个不满意……会造成一生的阴影，可能需要孩子终其一生不断疗愈儿时的匮乏和创伤。

我自己有这样亲身的体验，因此而吃了很多苦。我是这样走过来的，所以由衷地希望无论是我的孩子还是其他所有人，都能拥有健康、快乐、幸福的童年和人生。

现在我把自己在生命成长和养育孩子上的心得认真分享给你，希望你喜欢。

目录 contents

第一章 女性之美，当在修养

第二章
夫妻之道，当如榫卯

第三章
育儿之心，当怀包容

第一章

女性之美，当在修养

一个女性的姿态，决定着婚姻是否长久，也左右着家庭是否幸福。

怎样才算姿态好看呢？

不要因为柴米油盐磨掉诗意，保持一份优雅。

不要因为功利心失去纯真，要对生活始终怀有爱意。

不要因为旁人改变自我，从心而活，活出自己。

1. 向古人学一份优雅

看一个社会的文明程度，就要看这个社会的生活细节是否精致，是否充满了人文关怀，以小见大，以精细见深广。

同理，看一个女人美的深度，也要从她生活的细节着眼。

因为生活和工作的圈子，我见过很多优雅的女人，有女明星，有女企业家，也有全职太太。

可能有些人会说，女明星和女企业家优雅不是应该的吗？她们有钱有地位。

全职太太优雅也正常，她们老公有钱自己有闲，使劲折腾就变优雅了。

我觉得，他们对优雅可能有些误解。

优雅不是美，不是五官标致、身材修长就算优雅。很多女明星都极美，但她们都优雅吗？

优雅也不是富贵，不是穿名牌带珠玉就算优雅。女企业家大多都富贵，但她们也都优雅吗？

那优雅到底是什么？

有人说，宋朝的文人是历朝历代最有品位的一批文人，他们身上没有自矜身份的酸腐气息，也毫不高傲，而是充满了“真名士、自风流”的洒脱不羁，对自然有一种发自心底的欣赏和热爱，也有一种自发的悲天悯人和柔软。

宋朝文人即使在朝为官，也并不是整日追逐财富与名利。他们懂得生命的富足与珍贵之处在于人的精神，在于权贵与财富之外的生活细节之中。

也正因如此，他们心中向往自然，知道春天来了应该去赏花，冬雪初落则须邀三五好友，伴着红泥火炉饮酒吟诗，畅谈尽兴。

所以优雅是气度，是风骨，是境界。

我们作为女性，就应该保持对优雅的追求。

我们或许无法挣脱生活的繁忙，也不能放下自己肩膀上所承担的责任，但是这些并不意味着忙碌的生活一定要狼狈不堪，疲惫万分。

不妨从生活的细节开始，从修炼自己的心性开始。

让自己变得优雅最简单的方式就是多看书多学习，“腹有诗书气自华”不是俗语而是真理。

一个爱书、看书的女人，她的心灵永远不会空虚，她的美也从来不会浮于表面。

读书的过程，对女性而言是一个修炼自身品位的过程。

写到这里，我想起了叶嘉莹先生。

叶嘉莹先生从小就喜欢读书，十五岁时已经可以写诗了：“几度惊飞欲起难，晚风翻怯舞衣单。三秋一觉庄生梦，满地新霜月乍寒。”

在此后的一生中，她经历了人生的种种变故。其间，只有书籍陪伴她，也唯有书籍可以安慰她。她立志当国文老师，向全世界推广优秀的传统文化，数十年来，培养出了一大批中国古典文学研究学人。

如今她已经是高龄老人，但依然在各国演讲、授课，不愿离开她挚爱的诗词。她说：“我已经九十多岁了，虽然老了，可是我有一个梦。我的梦是什么？我在等待，等待因为我的讲解而有一粒种子留在你的心里。多少年之后，等着这一粒种子有一天会发芽，会长叶，会开花，会结果——‘千春犹待发华滋’。”

许多人对叶嘉莹先生钦佩不已。不管遭遇多少挫折，不管是何年纪，叶老站在熠熠灯光下，依旧气节如竹，风雅如莲。

你看，真正优雅丰盈的女人永远都有着谦卑的姿态，既不去炫耀自己所懂得的，也不必向他人一遍又一遍地展示自己所经历过的精彩，一切的美好都自在心中。

2. 别被生活压垮，我们远比自己想象的强大

很多人都会用“超越极限，突破自我”这样的话来激励自己。其实，这所谓的“极限”“自我”只是个人心理的一次自我设定，你能做到的远远比自己能想到的更多。

我刚怀上小花仙那年，我和先生正带着两个孩子在国外，突如其来的疫情让我们开始了焦头烂额的隔离生活。

身怀六甲的我还需要带两个孩子，并负责全部家务。

孩子们精力旺盛、好奇心强，这既让我们欣慰，也让我们疲惫。从凌晨到深夜，我见过这个城市所有的模样……

小儿子一天的吃喝拉撒睡都要依赖我，一分一秒都不能离开，需要紧密陪伴；马丁的生活起居也要我亲力亲为，而我还要洗衣、做饭、打扫卫生……

当一切杂务铺天盖地地袭来，我手忙脚乱，难以招架。能安静地吃一顿饭、好好小憩一会儿都是奢望，更不要妄谈什么自己的时间和自己的事情。

当时正在孕期的我妊娠反应非常厉害，好似得了大病一般，整日恶心想吐，又脑袋昏昏沉沉。与此同时，手机上各种消息不断轰炸，也让我的精神状态很不好。

那时的嘟嘟还很小，晚上好不容易哄睡了，夜间还要吃几次奶，有时看孩子爸爸睡得很沉，不忍心打扰，我便自己起身冲奶粉。如果遇上他闹觉，那更是一夜难眠；哪怕有机会睡一个囫囵觉，第二天我也得早早起床，因为六七点钟嘟嘟就醒了，需要给他冲奶粉、做辅食，还要给马丁和我们自己做饭。

陪孩子们吃饭也是一件让人头疼的事，小家伙们吃得到处都是，还爱挑食，需要好言好语地引导。等早餐结束，把餐桌收拾干净，再陪孩子们互动一会儿，又要开始准备午饭。

哪怕有先生帮忙，做饭也并不轻松，孩子的营养不能马虎，必须兼顾到各种食材。我给他们煲汤，顺便准备中午的食材，然后等先生炒菜，趁这个时间处理一下工作。然后就是陪着孩子们吃饭，吃完饭又需要把餐桌收拾干净。虽然当时我的孕肚已经很大，但是我也必须要蹲到地上，才能把所有的东西擦干净。吃完饭后的这段时间，孩子们精力恢复，先生会带他们出去进行各项运动。每天只有这个时候，我才能稍事休息。

等孩子们玩闹回来，我需要陪着他们学习，上网课、互动，还有准备晚饭。如果物资短缺了，还必须要开车去买各种生活用品，处理各种生活事务；好不容易熬到晚饭，匆匆吃完饭，还需要跟同事开会交流。之后又要给孩子们洗澡，哄着他们睡觉……

我从未想过自己会如此忙碌，独自带过两个孩子的主妇应该都懂我的辛劳，更何况我当时肚子很大已经行动不太方便了。最初那段时日，我的内心是崩溃的，但慢慢地竟也适应了，并不断提升自己做饭、打扫卫生的效率。一个多月后，由于效率的提升，我每天有了接近两个小时的独处休息时间，何其难得。

不得不说，人是可以绝处逢生的，在最混乱时，在最破碎时，人会启动求生本能，一股意想不到的全新的力量会从生命深处生发出来。

凭着这股重新整合的全新的力量，我担起一切，驾驭了新的生活方式，也终于摸索出一套自己的生活节奏，甚至开始在这样繁忙的生活中获得乐趣，得到收获。

我有一个闺密，她是全职太太。她的老公是“空中飞人”，长期不在家，所以孩子基本是她独自带大的。现在孩子已经上三年级，她有了空闲时常找我聚聚。

几乎每次聚会，她都会表达她老公和她自己对二胎的向往，但最后都以“不行，那几年我太累太崩溃，不能再生一个孩子来逼疯自己”这句话作为结束。

可她每次看见我家的几个孩子，又羡慕得不行。在无数次向往和害怕中徘徊后，她问我：“我要怎么做，才能像你这样带三个娃还能游刃有余地工作？”

“重新规划你带娃的方式，找到最轻松有效的带娃模式，听起来似乎很教条，但真的有用！”

在混乱中建立新的秩序，并享受这个过程。我可以做到，你也可以。

3. 怎么才能成为有魅力的人？

谈到个人魅力，形体之美胜于容颜之美，而神态之美又高于形体之美。它脱胎于气质，跟一个人的修养是分不开的。

古人特别讲究修身，觉得修身是一切成功的基点。但在高度发达的现代社会中，修养不高的人比比皆是。我们不难看到，越来越多的人眼高于顶，对人缺乏最起码的尊重，在待人接物的过程中也缺乏最起码的谦逊与温和。

孔子在论语中说：君子有九思，视思明、听思聪、色思温、貌思恭、言思忠、事思敬、疑思问、忿思难、见得思义。

在与人交往的过程中，最重要的两点莫过于“色思温，貌思恭”。

恭敬谦逊不仅让对方感受到你的友好，更展示了你良好的个人修养和深厚的文化底蕴，是一种从容不迫的优雅风度。

当然，这是一个需要我们不断学习、不断完善的过程，需要我们静下心来修炼自己，去读书，去做事，去感悟，去成长……

因为我特殊的职业经历，我能够走近一些成功的人，深入了解他们的人生和家庭。我发现，我所认识的成功人士，背后都有一个温和、谦逊的太太。

一位上市集团老总的太太，她也是公司的高管，为人非常谦逊，脸上总是挂着温和的笑容。

第一次见面时，我们在一家酒店里，这位高管太太没有麻烦任何工作人员，自己去给所有人洗水果。她还曾经组织和举办过一场盛大的活动，足足准备了几个月，但在活动当天，她把自己安排到一个不起眼的角落，将丈夫置于宴会的焦点。她甚至没有把自己安排到主桌，而是默默地坐在次桌。

听说我喜欢栀子花，她一清早就给我采了几筐栀子花，捧了两大束送到我所住的房间。临行前，又送给我许多栀子花和礼物。

活动结束后，另外一个朋友安排了吃饭，我们邀请她，她还心怀忐忑，担心自己不方便出席。

这种骨子里的谦恭，让所有与她接触过的人都深深叹服。她不争不抢，不出风头，生而不有，为而不恃。

虽然在外人眼里，娱乐圈是一个鱼龙混杂的地方，但我认识的许多明星，尤其是事业能够长久成功的明星，也都是非常具有人格魅力的，要么性情简单阳光，要么懂得感恩。比如黄晓明，虽然已经这么多年都没有过合作，但他始终对张导保持谦和尊敬。

说回女性，我们在处理工作时只需要考量业务能力，在处理家庭时却需要多方面的能力和智慧。复杂的人际礼仪、烦琐的家庭问题、耐心细致的孩子教育……这林林总总，互相交织，一切事务都要安排好。家中的女主人只有以全面的能力和圆融的智慧才能持家有道。

孩子在幼年时期无疑受到母亲的影响更多，母亲的为人处世、处理家庭关系和社交关系的态度、方法，都会潜移默化地影响到孩子，积淀成他们的做人准则。

“君子于其所不知，盖阙如也。”美好人格的养成和体现，不仅是花团锦簇的漂亮画面，也不仅仅是面对亲人和所爱之人的片刻柔情，而更是在漫长的时光中表里如一的德行和修养。

对此，社会上也不乏误解，把人格之美当成外貌之美。有些人汲汲于展示“好看”，用皮囊伪装“美”，实则品行卑下，对不甚了解的人事妄加论断，甚至无故恶语相向，凶相毕露。

皮囊最终将无法伪装人格，因为所有内心的丑恶都会写在脸上，成为一个人相貌神采的一部分。

福由心生，恶由己作。言污秽之言、行污秽之事者，其中污秽终归返还自家，而人格美好的人，则在自己的路上马不停蹄地学习和修行，不愿错过任何一个成长为更美好自己的契机。

你看，风吹幡动，非风动，非幡动，仁者心动。

4. 有贵气的女人，更容易获得尊重

什么叫贵气？

贵气一定少不了优雅的形象仪表。女人要懂得打扮自己。男人们说过，对一张精致的脸说话要比对一张粗糙的脸说话有耐心得多，尽管他们说出这样的话会使大多数女性不满，但这又确实是不争的事实。

贵气也离不开从容的气质。那些活得贵气的女人，一定有良好的言谈举止、脱俗的生活品格，当然也少不了幽默和风度。她们自信、自强、独立，有自己的事业，有自己的圈子，有自己的想法，自己赚钱自己花，不会指望男人养她，也不会从男人身上索取自己想要的一切。

谈贵气，这两者缺一不可。社会上不乏穿着貌似高贵、举止看似优雅之人，但其中许多是徒有空洞和虚荣的大脑。

孔子曾说“君子不器”。拥有贵气之人可以千姿百态，但他们首先是视生命价值于至高之人。

“贫贱不能移，威武不能屈”“一箪食，一瓢饮，在陋巷。人不堪其忧，回也不改其乐”“温良恭俭让”“国家兴亡，匹夫有责”……这些我们从儿时就烂熟于心的文字，是中华传统文化对贵气之人的精确定位。

因此，说一个人有贵气，比评价一个人聪明、漂亮、能干、富有、智慧、潇洒、成功等，更具“含金量”，它是对人格魅力至高的赞誉。

有人说中国没有贵族，最后的贵族在特殊的历史里不是出走异国他乡，就是销声匿迹，而今天的富二代又遭到种种诟病，与往昔的贵族不可同日而语。

我并不赞成这种说法，生活在这个时代的我们，可能没有显赫的家世背景，没有与生俱来的身份，但贵族精神其实处处存在。

有这样一类女性，她们打扮精致，教养不俗，举手投足都得体，哪怕是在最糟糕的境地，遇到不讲理的对手，受到不公正的对待，也能不卑不亢，腰杆子挺得直，不丢掉骄傲和风骨。这难道不是贵族吗？

还有这样一类女性，出身普通，工作平凡，但热衷于帮助他人，为大家宁愿牺牲小我，默默地付出，从不居功。这难道不是贵族吗？

她们有待人处事的善良布施，对宾客的关照周到，与人广结善缘的心胸，而且随着阅历的增加，不张扬、不显化，性情越发沉淀，如同静水流深，这就是贵族！

贵气也好，贵族精神也好，都是可以培养的。女人如果想从根本上提升生命品位，就要培养自己成为有贵气的女人。

散发贵族气质的女人就应如栀子花一般，亭亭立于芳草之间，低调谦和，内敛自信，有一番别致的风骨。那透着沁人心脾的清香，不经意间摇落一地芳华。

除此之外，外在气质的体现根本上要追溯内在修养的深度。

你可以短时间内包装出鲜亮的外表和优雅的谈吐，但真正的贵族气质在于内心，在于广博的见识和宽阔的胸怀，在于自信的包容力和悲天悯人的情怀，也在厚积薄发中绽放，风霜雪雨中屹立。

正像“最后的贵族”章诒和在谈到对贵族的理解时，

说：“英国人以为真正的贵族绅士，是一个真正高贵的人：正直、不偏私、不畏难，甚至能为他人而牺牲自己；不仅是个有荣誉感的人，并且是个有良知的人；他们很富有，非如此不能维持较高的生活水准；但另一方面，又看不起钱，认为一天到晚想着钱的人不是贵族。英国贵族一般对收藏、艺术、设立博物馆和慈善事业，很热心。”

当你什么都拥有的时候，你根本不需要通过炫耀财富来证明自己的富有。财富如流水不可把握，而自身的涵养、知识与品位是属于你的永远“财富”，任何人也无法复制与占有。

所以，即便没有金钱的富裕，我们仍然能够凭借内在的品质呈现精神的富裕，创造生命的价值。

我们可以用自己的言谈举止与生命状态，彰显我们贵族般的傲骨与神韵，傲然兀立却风度绰约，凛然遒劲亦儒雅堪怜。

5. 温柔的女人最好命

女人最美的特质就应该是柔，如同一条潺潺流动的小溪，在初春之际，带来第一抹绿意，灌溉最早萌芽的花朵。

《庄子》里说：天地有大美而不言。大自然那种静默无声又深沉无言的美，丝毫不需张扬，也不必刻意显露，就在一点一滴的细节之中，缓缓流露出来。

女人的大美，也应该要如此呀！

我们女人要学会自然地开启自己的本性，活出身为女人的性别特质，让我们生命最根本的韵味流淌出来。

而这本质就是我们女人天生的柔性与美。

柔软地做女人是一种能力，当一个女人能够充分运用和发挥这种能力，那么她在生活、事业和家庭中都将会是赢家。

女人要懂得柔的智慧，水最柔软，却能跨越所有的岩石，一路前行，以最美的姿态演绎流水进行曲。柔，便是这样，包容、柔韧，却能带来新的世界。

我们不难见到，当今有太多的女人早已经丢失了本性中的柔软，或是生活所迫，或是刻意为之，披上坚硬冰冷的铠甲。她们言辞犀利刻薄，如水流转的眼波亦是早早停滞，只剩下周身令人不敢轻易靠近的寒光。

这样的女人，我们虽然无法断言她活得幸福还是不幸，却也不难推测，在人前的强势背后，一定隐藏着她自己的脆弱与落寞。

其实，身为女人，实在不必牺牲自己本性里的柔软，不必去直面这个世界的挑战。因为柔软本身就是一种力量，能够巧妙地帮助你越过一个又一个挫折与迷茫。它包含着爱、悲悯，以及面对世界优雅从容的勇气，虽然不如刀和剑般锋利得能划破云天，却有着比刚硬更慑人心魄的力量，能够更有效地化干戈为玉帛，消融种种挫折和难解的困境。

怎么做到温柔呢？

不论你的身份是妻子、母亲，还是叱咤风云的职场精英、女企业家，都不要忘记你首先是一个女人。

女人的柔性隐藏在我们每个人的生命深处，需要我们去发掘，去体验，让这种柔性成为生命的常态。

我们要善用自身的柔性优势，以温婉、柔和、真诚、亲和，以及一切女人的本质优势来待人接物。

不着急，不愤怒，不居高临下，不盛气凌人，不坚硬，不藐视，不泄愤，不耍赖，不以牙还牙，而要像打太极一样，刚柔相济，达到四两拨千斤的效果。

当然这种柔性，并不是要你事事都委曲求全，一味让步，而是柔中带着韧性，坚守自己的原则，就像空心毛竹那样。竹子是最高的草，也是最睿智的草，它融于草，而高于草，能够真正清楚地认识和接纳自我最真实的一面，并展现自己的特质。

林清玄在《人间最美是清欢》里说："以清净心看世界，以欢喜心过生活，以平常心生情味，以柔和心除挂碍。"

我想，这也是对温柔女人的最好概括。

男人是泥做的，女人是水做的。当男人在外受世俗侵蚀，满身灰尘回来时，女人能用似水柔情帮他洗涤由内到外的尘埃，还一颗纯净明朗的心，他自然会更爱你。

6. 愚者祈求爱，智者吸引爱

有首歌是这么唱的，“女人，爱是她的灵魂”。

的确，女人多是贪爱的，朋友之爱，夫妻之爱，亲子之爱……她们喜欢用爱来包裹自己，在各种爱里，她们变得丰盈而饱满。

因为爱，才不会轻易悲伤，不会有沧桑；因为爱，才能拥有长久的年轻和幸福；因为爱，便会多一分理解与宽容，少许多烦恼和计较。

但很多女性似乎并没有想明白，伸手找别人讨要爱和自己内心有爱是两回事。

爱是流动的，我们经常能看到一些女性抱怨男朋友或者丈夫，说他们给自己的关爱不够，总是希望对方给自己更多的爱。但其实，爱不是索取才能得到的，索取和吝啬只会让爱的能量越来越萎缩；相反只有不断付出，不断给予，爱才能越来越丰盈。

在人与人之间的关系当中，做那个先付出的人。我们如果把心中的爱付出给身边的人，付出给自己的丈夫、孩子、朋友，生命的能量才会越来越丰盈，越来越开阔。

以往在爱情里，我们习惯的思维模式是：他爱我，我得到了他的爱和关怀，我才愿意付出爱和关怀。

要拥有或得到某些东西，才觉得快乐，这是一般人普遍的认知，但这样的做法是本末倒置。

真正快乐的人，不管他有没有挣到钱、有没有得到爱或者有没有解决某个问题，他的内心都会快乐。

所以，你想要得到很多爱，不该伸手去向别人讨要。这个问题的关键是你得先做一个有爱的人，你能主动付出爱，才会吸引到很多人来爱你。

有一个知名度极高的女明星，不知道是否因为受到原生家庭的影响，她是一个极度缺爱的人。无论与谁交往，她都希望自己是对方心里最重要的那个人。

跟男生谈恋爱，她总要求对方信息秒回，电话秒接。若她不开心，对方无论多忙都必须时刻陪着她……

跟女生做闺密，她总要求对方把她视作最好的朋友。除非她没时间，否则她需要的时候，闺密就必须只陪着她，不能跟其他人玩耍……

结果是，她的恋爱屡屡失败，闺密也一拨拨地换个不停。她找我倾诉时，总觉得自己委屈。

其实，一味索取爱终究不长久。无论是爱情还是友情，彼此都要有吸引力才能长久。你必须有自身的魅力，而不是强迫别人留在你身边。

如何吸引别人来爱你？

首先要学会爱自己，然后再学会去爱他人。

宠爱自己，好好吃饭，好好睡觉，不因无谓的担忧扰了好心情，不因无谓的虚荣损害自己的身体，而去品茶读诗，听曲旅行，多做自己喜欢的事，不辜负韶光，不辜负自己。当你有了爱自己的能力，就不会再强迫别人来爱你。

要做一个有爱的女人，存一颗博爱之心，有着“大人不记小人过”的心胸和气度，了解芸芸众生的苦难和无奈，不会愤怒，只会怜悯，怜悯之后就是宽恕。她们不会以小人之心去冤冤相报，反而能以君子之心感化他人，用爱化解坚冰，用心温暖他人，得到别人发自内心的尊重和爱。

要做一个有爱的女人，而非一个祈求爱的女人。学会和花草树木、山川河流、自然宇宙相爱，并感受它们的爱。被爱滋养、充满，才能有和谐的亲密关系。

那时，你才不再是爱的乞丐，而是爱的主宰。

7. 带孩子的单亲妈妈，就遇不到爱情了？

我和张导本来是“八竿子打不着”的两个人。

我是学法律的，后来从事商业资产相关行业，给企业做顾问等，都是非常理性的工作。我也是比较务实的人，所以之前对艺术界、文化界的人比较排斥。当时，我觉得文化艺术界的人都是很感性的，可能有些是“不着调”、飘忽不定的，总之对我而言这群人是很陌生的。所以我从来没想过要嫁给文化界、艺术界的人。

更重要的是，当时我刚结束一段很不幸的婚姻，成为一个单亲妈妈。那时的我独自抚养着儿子马丁，并打算此后母子相依为命，不再触碰婚姻。

但缘分就是那么奇妙，让我遇见了他。

那时我的好朋友向我介绍一个辟谷课，介绍了很多次我都没有参加。因为辟谷对我而言并非什么紧急必要的事情，但那一次这位朋友已经帮我把学费交了，并极力推荐这个课程，我就到北京来参加这个辟谷班。

就是在参加辟谷班的这段时期，我认识了张导。

那天的辟谷课结束之后，老师邀请我们晚上一同去茶室喝茶。到了茶室之后，我们才知道这场茶席还有一位客人，是一个导演——就是张导。

张导来得最晚，我们都已经坐定。他推门进来，灰白的长头发呈现出富有韵律的弧度，满脸大胡子，竟然很有气质。我以前很不喜欢男人留头发、胡子，但我看到他的时候并不反感。

巧的是，我和老师中间正好有一个空位子，他就坐在了我的旁边。

但我之前并不认识他，因为我这个人是不看电视的，现在我家里也没有电视。就在见到他的当下，我才拿出手机搜索，知道了张纪中是个导演，导过什么戏，还有一些绯闻。所以那时我对他是心存芥蒂的。

茶席结束，很多同学都主动加了他的微信，但我觉得这是个与我无关的人，也就没有去加好友。而他主动添加了我的微信，后来他告诉我，第一次见面就对我一见钟情。

此后，他开始给我发微信，分享一些音乐、艺术的内容。那时我也比较忙，隔一天才回复一次。我们的线上交流就是纯粹地分享艺术，一句男女之间暧昧的话都没有。

我们认识几个月之后，他给我发了一个音乐节的消息，邀请我同去。就是在那次音乐节之后，我们才真正结缘。

因为童年过得并不好，所以我内心深处一直渴望被保护、被照顾，幸运的是，张导正是一个充满了阳刚之气的男人，像大山一样可以让我去依靠。

作为一个艺术家，他的内心非常感性丰富，看场电影都会哭，生活里唱唱跳跳的，这些都是我所没有的，也是让我欣赏的地方。随着了解的深入，我感受到他是一个大侠，是一个品德很好的人。

但，作为一个单亲妈妈，择偶只自己喜欢是不够的，我得考虑马丁的感受。我担心马丁无法接受张导。

事实证明我的担心是多余的。

张导是一个非常有爱的男人，他很喜欢小孩儿，对孩子充满了爱。马丁第一次见到他便很喜欢他。他对马丁也视如己出，给足了成长所需要的父爱。

网络上总有人“看图说话”，说马丁看起来不快乐。

生活不是拍视频，我们不可能拿着摄像机去直播所有的生活。其实马丁过得很快乐，只是不太喜欢拍照，不喜欢配合我们拍摄。

这些年，张导作为父亲一直用心陪伴着马丁成长，用父亲无私的、不求回报的付出呵护着马丁。爱是相互的，对于一个小孩子而言，养育之情一定是深刻的情感依恋；对于满怀爱意的大人而言，养育一个小孩儿也一定是刻骨铭心的情感付出。马丁跟张导的关系非常好，他快乐地成长着，在爱的浇灌下也学会了给予爱，很懂得呵护弟弟、妹妹。

在我们的感情中，是张导先动情的，他先喜欢我。在深入了解之后，他欣赏我的能力，我崇拜他的豪情，我们彼此被对方所征服。从吸引到欣赏再到征服，我们才最终走进婚姻。

这也是大众对我有很多不理解的地方，因为公共的社交平台只是展示一个筛选出来的生活片段，而不能展示出一个综合而立体的人。在一个事业有成的人面前能够撑起一片天，能够成为一个在家庭中有地位的女主人，是需要能力的。如果只有年轻和美貌，只能吸引一个男人一时，而无法真正与他创造和建设家庭。

女性朋友们一定要明白，没有什么爱和幸福是凭空而来的。只有付出爱，才能得到爱。

从外在的吸引到内在的欣赏到彼此征服走入婚姻，再到经营婚姻、建设家庭，一路走来，需要一个女人、一个母亲、一个妻子对家庭综合的能力、投入和付出。

我们确实有一定的年龄差距，但我们是灵魂伴侣，在心灵的年龄上其实没有代沟。当然，我也不算年轻了。

我是一个比较早熟的人，在二十岁的时候，我觉得自己的心里住了一个六十岁的灵魂。我也一直觉得心里住了一个“老灵魂”。

上学时，同学们总笑我活得“古板”，在同龄人喜欢泡吧、去夜店的时候，我却很早就回家看书、睡觉，大家甚至给我起外号叫“妈咪星霖”。我也从不喜欢同龄人钟爱的偶像，我喜欢的歌也都是十九世纪七八十年代的经典歌曲。

虽然我看上去还年轻，但内心里住着的“老太太”已然白发苍苍。这个“老灵魂”阅历丰富，拥有难得的智慧。所以在很多事情上，我甚至比张导还要成熟。我辅助他的事业，经营我们的家庭，我们非常亲密，是亦师、亦友、亦伙伴的关系。无论是出席什么场合、参与什么工作，或者去哪里玩儿，我们总是亲密地在一起，从恋爱到现在，几乎没分开过。

我们是彼此最好的朋友，天天有说不完的话。

失败的婚姻让我害怕婚姻，但独立的精神和经济让我过得自信而惬意。也许正是这份自信，吸引到了我先生的注意，让我有了一段全新的、幸福的人生。

对于婚姻失败的女性朋友，我想要轻轻地抱抱你，并告诉你：“不要彷徨。你若盛开，清风自来。”

8. 你灵魂的丰度，决定你人生的高度

我并不是一个很自信的人，但我可以坚定且肯定的一点是：我是一个一直在成长的人。

我从小在父母打压批判式的教育下成长，养成了不自信的性格。但我感恩这种不自信的性格，促使我不断让自己变得更优秀，不管是内在还是外在都不断提升，让自己变得更好。这也造就了我尽善尽美和完美主义的性格。

我没有一天停止过学习，我可以坚定地说：我的每一个今天都比昨天更好。所以四十岁的我不会因年龄而烦恼，而是一天天变得更自信、更充实。我的求知欲特别强，兴趣爱好特别广泛，但凡我不了解的领域都乐于去学习。

我学习过好几门外语，我的英语很好，法语也很好，我

还学过德语、西班牙语、日语，等等。当然有些语言后续没有运用，荒废掉一些。

我喜爱美，在这个方面也广泛涉猎：纯粹的美学、美学的哲学、形象的美学、服装的美学、举止的美学、茶道的美学、书道的美、花道的美学、香道的美学……但凡有关于美学的，我都有学过。我甚至长时间学过国画的理论课程、书法的理论课程，坚持不懈地学习了好几年，因为我希望对艺术美学的追求能够积淀下去，厚积薄发。

我对读书很看重，一直在坚持读书。

我在法国留学读的是欧盟商法和知识产权法，也以优异的成绩获得了学校和导师对我的肯定。

研究生毕业之后，我的导师邀请我作为优秀研究生去给新生发言。申请读博时，导师给我写的推荐信用尽了所有对优秀留学生的溢美之词。

在法国读研究生的经历磨炼出我的品格：一旦决定要做什么事，我就会非常认真投入地做好。而且我相信，如果付出百分之二百的努力，就能把不可能变成可能。

我所学的专业是法律。对一个法语基础一般的中国人而言，用法语读法律可想而知障碍有多大。尤其法国的法律，有很多术语是古拉丁语，学习的难度就更大。哪怕是法国人去看这些法律知识也是很难看懂的，何况是一个中国人？

我们入学时，老师建议留学生把两年的课程分为四年来读。但是我拒绝了这个建议，我不能在没努力的情况下选择放弃。

但学习起来，真的难度很大。那几年的留学生活，我每日都是宿舍、图书馆、教室三点一线，没有时间去参加任何社会活动。法国的法律专业学习是没有课本的，所有内容都靠课堂上去听，去记。考试就是根据老师这一学期口述出来的讲义考察，所以压力尤其大。

我记笔记的速度肯定是不如法国人的，于是借同学的笔记来抄。但因为老师的语速很快，同学的笔记也充满着各种缩写，我就得找时间来问。笔记上看不懂的法语找专业字典来查，许多解释的词也看不懂，就用法文字典再查。

有一次眼看就要考试，真的抄不完了，我急哭了，哭了一会儿，想到根本没有时间哭，又赶紧继续抄。还有一次，因为我长期看书、抄笔记，颈椎出现问题，躺在床上起不了身。我只好打电话叫同学把我搬起来，放到树底下继续看书。等她回家，再把我搬回宿舍。我也曾学习到低血糖、贫血眩晕，身体出现问题。

最崩溃的是有一次，第二天就要考试，但晚上大脑停不下来，充斥着学习过的各种法律条文，根本无法休息，失眠了一夜。因为高度紧张和一夜失眠，考试的时候手都是颤抖的。我通过深呼吸、吃巧克力等各种方式安抚自己，完成考试。

最终，我在与所有法国人同堂的专业考试中，考到了第二名的成绩，只用了两年时间就以优异的成绩毕业。这在学校历来的留学生中是从未有过的。

因为这些经历，我对人生的一个基本态度，就是一定要努力。

我现在也坚持看书，哪怕是到了深夜，我的先生要把书从我手里抢走催我睡觉，我也会坚持看完再休息，因为我觉得必须要完成这个任务。我现在也在学习考各种证书，学习一些乐器，学习各种知识。

总而言之，通过学习，我具备了很扎实的知识结构，有很开阔的思维和视野。当我看待一个问题的时候，会从横向到纵向有很深的认知，对于事物的认知更全面。就像见过世界的人再来看一个国家，不会陷入狭隘的格局。我觉得持续学习给予我的，就是既广阔开放又能扎实深入的思维和认知。

我很感恩自己一直在学习，一直在成长。无论在什么年龄段，处在什么境遇上，我们都不能放弃努力。哪怕是在人生的起点拥有了很好的家境和相貌，也要努力去获得内在的充实和丰满；当然，如果我们没有那么好的起点，就更需要努力。学识和修养的积累会随着时间沉淀成为一种特殊的气质，甚至会让我们的相貌发生改变，令一个女人更有魅力。要获得事业的成功，需要努力；要拥有人生的幸福，要做一个好妻子经营好家庭，当然也需要持续不断地努力。一切都不是凭空而来的，努力永远不会白费。我想，这就是我的人生态度。

第二章

夫妻之道，当如榫卯

婚姻，并非是要求两个原本不同的人，磨棱去角，变得面目雷同；而是让双方在朝夕相处中，既相互扶持，又能保留各自特色。

见过中国古代的榫卯吗？我想，它大概是对夫妻关系最好的比拟。

1. 一个好妻子，可以成就好丈夫

每个成功的男人身后都有一个好女人。其实男人的成长和未来，受女人的影响很大，好男人都是由他背后的好女人扶助、关注、支持、欣赏所成就的。

女人非凡的能力、卓尔不群的眼光、自身的性格与美德，对于身边的男人有着很大的影响。

我有很多女性朋友，家庭兴旺、事业有成，整个家族蒸蒸日上。她们有共同的特点：在家庭中尽到做妻子、做母亲的职责，欣赏和爱自己的丈夫，不干涉和控制丈夫的事业。

有一位大企业老板，我跟他的太太认识颇久。这位太太话不多，也不爱交际应酬，非常之朴实低调。她默默地照顾着身边的所有人，事无巨细地打理家中事务，有一种踏实质朴的力量，令人安心，替丈夫解决了所有后顾之忧。

我还有一位女性朋友，她很有才华，与丈夫搭档工作。虽然自己能力非凡，但非常尊重伴侣，遇事共同商量，有喜事共同分享，不居功，也不自傲。她从来不会为了显示能干，而随意干涉伴侣，也不会为了所谓的事业，抛弃妻子的义务，有空做做家务，尽可能陪伴孩子，时不时和丈夫过二人世界。

我并不是在倡导什么所谓的“女德”，更不是想让女性以夫为主，只是想告诉所有女性，你的一举一动都影响你的男人和家庭。你想要什么样的丈夫，想过什么样的婚姻生活，一定是需要自己动手调教的，并且无数例子证明，你是可以做到的。在这种相互磨合中，双方都能找到最舒服的状态。

对女性来说，在事业上怎么全力打拼都不为过，但只要回到家中，就需要让自己回归家庭的身份，找回作为妻子和母亲的感觉。我们可以在回家之前告诉自己：你不是什么雷厉风行的女强人，而是妻子和妈妈。通过这种心理暗示来帮助自己顺利地切换角色，因为我们不能在家庭中延续职场的做事风格，把老公当成同僚或者下属，而是要把爱放在第一位。

上善若水，水善利万物而不争。很多事业女性却忘却了“水只处在低处，不与万物相争”这个道理。

我们只有如水一般柔情，不与男人争高下，也不妄图控制男人，才能有和谐的家庭和爱情。当然，我们更有引导男人的义务——有智慧的女人无不懂得这个道理。

女人的爱与包容、尊重与引导，才能真正迎来男人的尊重和长久的爱。

饮食男女，爱美之心人皆有之。然而所谓美，一定不仅是年轻靓丽的皮囊，必定是心灵与精神的丰满通透。

张导与我，亦师亦友，亦夫妻亦伙伴，我们在走向幸福的路上，是相互成全与相互帮助的。

我见过许多浮华，也见过许多光鲜成功背后的不堪，因而更加珍惜真心真情，更加珍惜真正美好的灵魂。

在爱情里，若遇到金玉其外败絮其中的对象，定然是深深的遗憾和伤痛；若遇到思想上的琴瑟和鸣，心灵的惺惺相惜，灵魂的心心相印，哪怕是忘年之恋，也同样是人生幸事。

因此，能遇到你所爱的另一半，你更要努力做一个好妻子。包容、豁达和尊重是我在婚姻中一直的坚持。

就像《霍乱时期的爱情》里所说：“真正的爱情需要什么？需要两个人在一起是轻松快乐的，没有压力。”而真正的婚姻，则是在此基础之上懂得配合，相互成全。

这才是真正的携手同行，现实如此斑斓，前路如此漫长，我们一起牵着手往前走，经过风，淋过雨，各自都在洗礼之后变得美好。这才是婚姻最大的意义吧。

2. 妻者，齐也：
写给“被独立”的焦虑女性

妻者，齐也。

在家庭中，妻子有着与丈夫相同的地位和作用，而作为母亲，女人的使命就更为重要。

母亲对于孩子成长的影响不言而喻，对于孩子人格的发展，发挥着不可逆转的作用。无论是孟母三迁，还是岳母刺字、范母教子，无不体现了母亲对于孩子的重要性。

越独立的女性，越能在家庭中发挥作用，影响伴侣和孩子。

若女人只是依附于丈夫，没有独立的人格，没有从容优雅的生活态度，孩子又能从这样的母亲身上学到什么呢？恐怕

在他们幼小的心灵里种下的，尽是压抑的种子。

若是女人没有开阔的眼界，没有广博的学识，孩子又能从这样的母亲身上学到什么呢？恐怕他们既不会有凌云壮志，也缺乏自主自立的精神。

作为女人，永远绕不过的一个问题是：你能给孩子什么？是在潜移默化中浸润孩子的修养和人格，还是在不知不觉中扼杀孩子的未来和心智？

近些年一直很流行“经济独立”“精神独立”的概念，其实这类概念的出现，也许说明当今社会还有一部分人没有理解婚姻和家庭的真谛。

何谓夫妻？你中有我，我中有你。

何谓家庭？一个整体。家人之间互相关爱、不可或缺，原本就是再正常不过的事情。

确实，每个人都应当拥有丰满的灵魂和健全的人格，拥有把日子过好的能力。每个人都应当爱这个世界，也感受到世界给予的爱，在时光中绽放生命的美，用心活出生命最美的姿态，让自己的人生熠熠生辉！

但并非每个人都能组建美满的家庭，并非每个人都懂得爱自己、爱别人，有些人“精神不独立”。他们人格不健全、心态有缺失，总以为要依附某个人才能活下去，总是到外在世界寻找“救命稻草”，但再多的迁就也无法填满内心的空洞，到头来反而把自己的生命活得萎缩、哀怨，失去光辉。

这类人往往有很深的心灵创伤，需要心理干预和治疗，需要身心不断成长。

如果是人格健全的两个人彼此相爱、组建家庭，即便缘分尽了，最终分开也能心平气和，把一切当成正常的生命境遇。他们虽然也会经历伤痛，但不会沉浸其中无法自拔，终将挨过去，迎来辉煌灿烂的人生。而人格不健全、心态有缺失的人，却可能在痛苦中沉沦，让自己的生命走向枯萎。

那么最近经常被大家提及的“经济独立”，是否应当是女性追求的目标呢?

我欢喜女性越来越重视自我价值，不再把自己当成附属品，开拓事业，丰盈自我；也欢喜女性将心思放到家庭建设中，把家庭生活过得有滋有味。如何选择，是每个女性的自由，我们大可不必被“经济独立”的大旗绑架，也不必因此焦虑或不安。

家庭本就是一个整体，没有办法斤斤计较每个人的付出。有的女性选择工作，贡献钱财，分担家庭的经济压力，这当然算独立；但如果有的女性选择做全职太太，没有收入，全心全意地照顾家人，提升家庭生活质量，难道说她不算独立吗？

经济来源只是对家庭贡献的一种方式，而在我看来，建设好家庭文化、安排好家庭生活也是对家庭重要的贡献。

清风明月不要钱，却能给人最深厚的滋养；家人之间的陪伴和笑脸，能点亮一颗疲惫的心。因此，以任何形式为家庭做贡献的人，都应该得到其他家庭成员的尊重。如果男人要求女人“经济独立”，那不妨反问一句，男人“家务独立”吗？

我们可以进行一个不恰当的比喻，家庭这个经济情感共同体，就像一家公司。公司需要有许多部门：职能部门也好，宣传部门也好，任何部门都不可能脱离公司而存在。

所以，这种“独立”是没有意义的。

同样的道理，如果家人之间还实行“AA制”，计较谁付出的多谁付出的少，那么家不成家。这种“独立”真的能带给人幸福吗？

凡事都具有两面性，如果每个女性都过分强调独立行走，任何事都独断专行，怎么会婚姻幸福呢？丈夫不是我们的敌人，女性适当独立，是有思想、有情趣的表现，但过度的理性和强势，往往会影响到家庭的和谐持久。

有例子显示，那些太要强的女性在亲密关系上反而爱犯错。她们的丈夫会觉得自己沦为了一种摆设和陪衬，甚至自尊心受到打击，于是埋怨对方缺乏情趣，日久天长，双方的感情就受到磨损。

所以，真正聪明的女性，骨子里要独立，面子上却不可太要强，适时地学会依赖和示弱，才能打造和谐温馨的家庭氛围。

3. 怎样养成良好的夫妻亲密关系?

怎样培养良好的夫妻关系?这一直是我探索的问题。

从爱情到婚姻，再到为人父母，张导陪伴着我一路走来，经历了家庭生活中的曲折坎坷和种种琐碎。我一点点看到更多面、更丰富、更有魅力的他，对他的爱与欣赏并没有消退，反而随着时光而更加馥郁深厚。

我想，或许他给了我答案。

世界上有很多伟大的企业家、政治家和艺术家，他们在广阔世界中叱咤风云、光芒四射，但不见得能在爱人面前风采不减、情意长存。很幸运，我的先生做到了；很幸运，我们的夫妻关系越来越亲密。

亲密关系是人性的难题：被偏爱的难免有恃无恐，人类在最亲密的人面前，通常会流露出在他人面前所没有的懈怠放纵。因而，有的人金玉其外，实则败絮其中，精致包装的背后尽是空洞，越是走近，越是失去魅力。

所以，建立良好夫妻关系的第一步，是学会彼此欣赏。

在我眼里，张导无处不好，当真是世间奇珍。

他从不刻意在人前表现自己，表里如一，真正做到了“真”。要知道，一个纵横江湖、开拓事业的人，却不论任何场合，不管面对任何人，都能始终如一保持浑然天成的“真”，这有多难。

真而勇，真而乐，真而有趣。

他真的就像苏轼说的：吾上可陪玉皇大帝，下可以陪卑田院乞儿。眼前见天下无一个不好人。

因为坦荡和真实，他从不在意外界的是是非非，内心毫无蝇营狗苟。这让我敬佩不已，也主动向他学习。很多时候，我还没有那么高的境界，会被许多事情烦恼，这时，他的指点和安慰就显得弥足珍贵。

曾经，我因一些网络暴力和一些娱乐记者所编造的绯闻而愤愤不平，还跟张导提议：是否要通过法律维权，让他们删除这些人身攻击？

张导却风轻云淡，而语力千钧：“你去看那些干吗？那些人跟你有关系吗？你不去看，就影响不了你，你又不是他爸妈，你管得了他们的嘴吗？事实与诽谤并不一样，内心坦荡，他们说的一切跟你无关，他们影响不了你。”

你看，他就像一座大山一样，坚实可靠，坚定不移。他根本不屑于任何的外在评价，也没有任何不良情绪能够侵入他的内心。点滴的真情和温柔，他都记在心里，而烦扰和丑恶，却从来不曾在他心上留下任何痕迹。

欣赏伴侣的优点，自然会增进夫妻关系，这就是所谓的情人眼里出西施。在我看来，张导言谈举止自带大智慧，心思所致皆是通达。有了他，不管发生什么，我的内心都很安稳。

我身边夫妻朋友很多，但凡夫妻关系甚佳的，都如同我家情况一般，有一个大智慧的丈夫或者妻子，他和她会是全家的心灵依靠，这是良好夫妻关系的一个坚实基础。

建立良好的夫妻关系，还需要建立一个良好的夫妻相处之道。

既然是相处之道，那么最重要的是要把握“道”而不是“术”。能够真正提升我们生命智慧和家庭生活的，是“道”，而不是伎俩和手段。迷信捷径一般的伎俩和手段，反而会使生命和婚姻走入歧途。市面上不乏传授“术”的书籍和课程，我劝大家不要当真，不要走上歪路，只有真心地相爱和不断地成长，才是幸福圆满的正途。

网上曾有人猜测我很有手段，才能搞定张导。真诚地讲一句，没有手段，我性格直率，喜怒哀乐全在脸上，不会巧言令色。

我与张导在一起，说到底，其实是两个灵魂的彼此欣赏和彼此依靠。我们的相处没有讨好和算计，都没有勉强对方做出改变，而是各自拥有丰富自足的生命和灵魂，拥有健全的人格。

只有丰富自足的生命，才能生发丰富充沛的爱情。

爱情因为婚姻而升华，自我成长也应当在进入婚姻后有所升华。世界上没有不变的人，也没有不变的关系，万事万物都无法不变。如果婚姻中另一半变了，婚姻关系就变了，而你还不变，婚姻的问题近在眼前。“不变”只是许多女性对于爱情和婚姻的执念，实则小到原子大到宇宙，一切都在变，夫妻关系需要持续不断的良性互动来不断构筑新的感情基础，而不是一味地要求对方来配合自己，也不能总是试图改变对方。

每个人的生命都是过去一切的总和，强行的干预和改变怎么能够轻易实现呢？换位思考一下，如果对方也千方百计来“改良”你，是否会引发你的反感呢？

我身边夫妻朋友很多，吵吵闹闹，家无宁日，各种问题不一而具。我的建议是抓大放小。

所谓抓大，就是要考量这个男人品质的主要方面。他是不是个好人，是不是个好丈夫、好爸爸，值不值得爱？如果答案是确定的，大的方面已经确定了，那么对于一些生活上的小事，还是要努力去包容，甚至是视而不见。但如果对方的确有一些问题让人难以忍受，就需要创造良好的氛围进行沟通。

沟通时要表达情绪，引发对方的共情，而不是从逻辑和道理上盛气凌人。家是讲爱的地方，不是讲理的地方，何必要抓住一些小毛病咄咄逼人？那样只会让双方越走越远，陷入互相证明对错、无休止的争吵之中，于问题的解决反而是无益的。有时候难得糊涂，婚姻生活是许多琐碎的单元组成的，如果总是抓住小的问题不放，总是盯着局部，反而会因小失大，生活得非常痛苦。

这就像是双人舞，一个人进、一个人退，只要舞步不错，在哪儿跳、穿什么衣服跳，又有什么可纠结的呢？即便有争吵，但争吵过去，要及时清零，要懂得放下，不必太过执着于谁先服了软、谁先给谁台阶下。

我和张导之间也会争吵，比如什么节日送什么礼物等，但争吵之后，我会想到这个男人是个好男人、是个值得爱的男人，他犯的也不是什么原则性的大错，是可以原谅的，那么我会劝导自己算了。

切记，这种装聋作哑，只适用于无关痛痒的小问题，如果在最本质的问题上出现了偏差，那就要考虑到关系是否有必要继续了。比如有的男人已经不值得爱了，那你没有必要再去委曲求全。我见过很多女人，明明已经发现自己的伴侣三心二意、背叛感情、不值得爱了，但还是无法果断做出决定，在与渣男的纠缠中生命枯萎。

维持良好的亲密关系很难。有时我们要选择性失明，有时我们又要明察秋毫，睁大眼睛，发现丈夫的优点，看到丈夫对家庭的付出，记在心里，夸在嘴上。

有句古话说，至亲至疏夫妻。婚姻里，男女双方是毫无血亲的陌生人，又偏偏是同食同寝的枕边人。这其中分寸，很难把握，从身体到心灵，我们要贴得近，才能相互取暖。

4. 无论爱情还是婚姻，都需要懂得

著名女作家廖一梅曾经这样说："在我们的一生中，遇到爱、遇到性都不稀罕，稀罕的是遇到了解。"

是的，懂得比相爱更难。

最理想的爱是既要有享受和拥有爱的能力，又要有真正地去付出爱、给予爱的能力，知道对方的真正需求，不做无用功。

就我的生活而言，为了更懂张导，我心心念念都是他。他做任何事，我都会关注到。他的饮食健康、他的身体情况、他的休息状况、他的形象、他的爱好……我留意着他的方方面面，只是为了更懂。唯有懂，才能更好地爱。

我可以很骄傲地说，没有人比我更了解张导，哪怕是小

到生活中的细节。即便是居家，我也得把家中收拾好了、把他照顾好了、把办公桌布置好了，把需要的一切都打理好，才顾得上自己。这些方面是他不擅长的事，所以我帮他都做好，让他能够有精力做自己擅长的事。

因为我明白他的需求。

在这种情况下，任何一个有良心的男人，都会体会到妻子的辛苦，也会为妻子付出。如果他是一个事业型的男人，就会更加努力地为家庭开拓、打拼。

妻子为丈夫付出，丈夫自然也会为妻子做更多的事。

在“公主病”流行的今天，太多女人只是一味地享受他人的爱与包容，却报之以刁蛮任性和小脾气，还自以为这就是自己得宠或荣耀的方式。殊不知，这种行为只会暴露你的幼稚和不成熟。

实际上，一个真正懂得爱的女人，除了会用撒娇来调剂感情以外，还必然是一个足够美好的女人。所谓美好，不仅仅是容颜的姣好，更是能力的丰盈，是懂得爱、表达爱、回馈爱。

爱不是每天挂在嘴边的“想你了”“宝贝”，而是明白伴侣需要什么，然后满足他们的需要。

记得《麦琪的礼物》中，夫妻俩互赠圣诞礼物，两个人之间并不缺少爱：妻子卖掉了自己的一头长发，为丈夫换了一根表带，而丈夫却卖掉了自己的手表，为妻子买了一套装饰头发的梳子。

故事纵然令人感动，同时也在提醒我们，主动伸出手，敞开怀抱，推开心门，去了解你身边最熟悉的爱人，走进他的心扉。

只有高效深入的沟通，明白对方真正所需，才能加深爱人之间的感情。

谈到这里你或许会问，我和我的爱人早已经老夫老妻，熟悉地不分你我，为什么还要让我去了解他呢？

我们要知道，世界上一切事物都处在运动变化之中，人也是，人与人之间的感情也是。或许我们每个人都有这样的感触：相爱之初的热情似乎在慢慢随着时间变淡，牵手、拥抱也好像是自己的左手牵起了右手。例行公事的相处越来越多，让人心跳加速的时刻越来越少，两个人敞开心扉互相倾诉的机会也越来越少。

你或许会以为爱已随时间消逝，可实际上，爱并没有消失，它只是换了另外一种方式存在。这些让你觉得平淡甚至有些无味的时刻，都是因为疏忽和疲惫，让原本繁花盛开的花园里，混进了杂草；是天空中飘过来的一朵乌云，暂时地挡住了阳光。

在爱情的不同阶段，我们的诉求和期待是悄然变化的。

所以说，相互了解，才是让爱情长久保鲜的重要秘诀之一。

能在人生的某一个阶段相遇，从此携手同行，就已经是足够幸运的事。在这个过程中，相互了解是不可或缺的。因为我们必须明白，再相爱的两个人，也首先是两个独立的个体，你永远不可能像了解自己那样了解对方。

爱像两棵并肩生长的树，灵魂是交错拥抱的树根，相互依偎；共同生活的每一天是纵横相依的枝干，彼此扶持。可我们也必须承认，这两棵树永远无法合并成一棵，总有一些你不知道的领域，你不曾踏足的地方，似乎是陌生的。在这个时候，足够的了解和尊重就显得弥足珍贵。

我想起历史上一个有名的故事。宋朝大诗人苏轼因为得罪权贵，屡次遭到贬谪，满心抑郁。有天，他吃了晚饭，在院子里散步，摸着自己的肚子，问妻妾："你们且说说，我肚子里装的是什么？"

有人说是文章，有人说是见识，苏轼听了，都不以为然。这时候，有个叫朝云的小妾忙说："你装了一肚子的不合时宜。"

苏轼顿时哈哈大笑。为什么笑？因为别的小妾都在奉承和谄媚，唯有朝云，是深深的理解。

她懂得他，懂得他的忧国之心、忧民之思，懂得他的放达与率直，亦懂得他的郁闷与苦楚，而这一切，又以不让东坡尴尬的方式，幽默地表达出来，何等聪慧与周到。正因如此，苏轼和她才交了心、动了情，在朝云死后，他仍念念不能忘怀，到她墓前题词，“唯有朝云能识我”。

说来说去，无非还是那句话：爱彼，先得知彼；知彼，先得知己。

如果你看清自己，就会发现：许多你为他人所做的，不是爱，是控制；你以为的，不是见解，而是偏见；你说出的，不是沟通，而是情绪。

除了要懂得爱别人，也要懂得爱自己。

如何爱自己，总结来说，是要对自己慈悲，以慈悲心和自己相处。

要接受自己的每一个部分，不论喜欢或不喜欢都接受，不论你能否改变它，都不要用怨怼之心去为难、批判自己。要平和而温柔地承认并接受自我，才能为自己带来期待中的美好的改变。

不论我们对自己有什么感受，只要慈悲地对待自己的感受，温柔地去关注（也就是看到）自己内心的每一分悸动和需求，我们原本坚硬的保护壳就会开始融化，也会惊喜地发现自己的状态和人生会有不同的进展。

我们的价值其实取决于我们怎样对待和看待自己，这是决定我们如何被他人对待和喜爱的一个重要因素。

卓文君与司马相如相爱，大大方方地过起荆钗布裙、当垆卖酒的日子，仍然将自己活成红尘纷扰中一朵骄傲的花。哪怕司马相如的爱有所改变，她也有“锦水汤汤，与君长诀”的勇气。也正是这样一个懂得珍惜自己，珍惜自己感情的人，才会最终拥有永恒的爱，让她赢回了司马相如的心，也为自己赢得了一份纯净永恒的爱情。

5. 学会给另一半安排“家务活儿”

爱情，从来不是某个人的“独角戏”，而是相爱的双方彼此互动的过程。在你来我往中，彼此逐渐建立信任与青睐，继而产生相爱的念头，然后走向婚姻的殿堂。一个人是无法完成全部过程的。

每个聪明的女人，都应该学会对另一半索取，因为提要求，才有助于男人更快的成长。

以我自己为例。

嘟嘟侠出生的那一年，我到美国待产，没想到因此被隔离在异国他乡。那段时间，生活简直乱了套：坐月子无人照顾，大儿子需要看管，小儿子嗷嗷待哺，物资采买不便，亲友还不在身边……在没有任何思想和现实准备的情况之下，我这个家庭主妇几乎崩溃。

这段时间最应该感恩张导，在我需要每天抽出时间静心独处的时候，他都毫无怨言地照看孩子和打理家务。没有他的帮忙，我恐怕没有休息、调整的时间。

也正是通过这段经历，我意识到给另一半安排家务活儿有多重要。

我和我先生的关系，既像战略伙伴又像同事；而在生活的关系中，我们又像母子，因为生活上基本都是我在照顾他，我希望能给他挪出更多时间，让他可以去考虑更重要的事情。

以往家里有阿姨的时候，当然就不用先生做家务，但我们被困在国外的那段日子里，家里一个大宝宝、一个小宝宝，还有我这个孕妇，都需要人照顾。吃饭、做饭、打扫卫生等，所有这些家务，张导都包揽了。

这活儿可不轻松，我坐月子吃得清淡，要准备专门的月子餐；大宝呢，正是长身体的时候，饮食要额外操心；还有张导自己的饭食……前前后后忙下来，他虽然不用掌勺，但光是洗碗筷就得费不少时间。有时阿姨出门了，小宝哭闹，他还要帮着我喂奶，如果刚巧大宝又闹情绪，仍然得他出马安抚。

我既感动又心疼，有时候中午吃好饭之后，张导主动要洗碗，我看他已经很辛苦了，主动劝他先休息，不要急着洗碗。

家务活儿由谁做很重要吗？其实不然。夫妻之间的相处是互相体谅，这里需要我，我就做了；那里需要我，我就做了。两个人都是这样，互相为彼此考量。

很多时候，妻子生气是因为先生完全看不到自己的辛劳，不能够体谅自己。这时候需要加强沟通，让先生体会到做家务的过程，觉察到妻子的艰辛。爱妻子的先生就会在妻子劳累的时候有所觉察、主动帮助。

把家务看成是共同的事情，不要有计较心，不要去分你我，共同面对。但如果丈夫完全看不到妻子的状态和情绪，可以不带情绪地——一定要不带情绪地向对方表达：今天我觉得很累、很辛苦，身体也不舒服，你能不能把晚饭做了？或者叫个外卖？

做家务只是一个小小的例子，以小见大，女人其实是想让男人知道：这个家不是她一个人的，是需要二人共同经营的。

并不是所有男人都讨厌做家务，只是之前他们并没有这样的意识，而有的女人往往直接发脾气，把这当成犯错：你为什么不能体谅我？你为什么不能帮帮我？

生活中真的不需要太严肃、太去讲道理，去分个是非对错。其实，我倒是希望先生不要管生活琐事了，把精力用在更重要的事情上。

或许，有时候我们可以试试换个方法，面对伴侣的“不开窍”，主动开口提要求：你可以帮我收一下衣服吗？家里没有水果了，能下楼去买一点儿吗？

女人不能在一段关系里大包大揽，适度地提要求，反而能更好地彰显出男人强大，满足他们的自尊心和被需要感。

男人爱面子，在所爱的女人面前，他们会主动承担起责任，努力呵护女人的感受；而女人每每提出需求，爱她的男人也会全力以赴去完成。如果女人遇到了困难和挑战，不是将自己的压力向男人吐露，而是选择将其掩盖起来，一旦男人知道女人的秘密后，将会产生这样的意识，那就是女人并不爱自己。

相反的，女人主动向男人吐露心声，向男人寻求帮助，反而能够让男人变得有担当，也能激发男人内心深处的那份温柔。

所以，我们都要做一个向男人求助的女人，激发男人男子汉的一面，也让男人在这份感情里，变得温暖和细心起来。

让另一半做家务活儿，与其说是让丈夫回归家庭，不如说是要建设家庭，增进家庭的凝聚力，让每个家庭成员都参与进来，都对家庭充满向心力。当一个家庭经营得有情有义、有滋有味，每一个家庭成员都会惦记着、眷恋着家庭，即便是在外打拼，内心也惦记着家庭。

很庆幸，在我们家，不用我开口，张导也会很积极主动地参与到家庭建设里。我们在一起有做不完的事：一起泡茶、看书、看电影、讨论创作、聊心事、照顾孩子……所有事都充满着爱与乐趣。

总而言之，会提要求的女人能让男人更快地成长，也会让男人在这份感情里有更多担当。无论是恋爱阶段，还是长久的婚姻生活，两个人若想让爱情常驻，势必都要有被需要的感觉，提要求就是一个很实用的方法。

6. 不要害怕生活琐事，不要担心结婚生子

不知道从什么时候开始，很多女性越来越害怕结婚。

以前我也是如此。那时，我生活在一个完全不需要考虑任何人间烟火的状态之中，与诗书琴棋为伴，玩香品茶，二十四小时都可以用来做任何自己想做的事情。每天可以称得上是琴棋书画诗酒茶，既可“洗墨鱼吞砚，烹茶鹤避烟”，又可“笑看风轻云淡，闲听花静鸟喧”……

可是结婚以后，突然要去实实际际地做很多事，要回到真实的生活之中，直面生活的琐碎与繁杂，甚至每天不仅要操心柴米油盐酱醋茶，还要处理大家庭中的每一点、每一滴的事务，照顾孩子和家人。

我曾经也有些许顾虑，但事实证明我的婚后生活非常幸

福，甚至我觉得比单身的女性朋友更滋润。

我身边有两位五六十岁的女性朋友，坚持做自己，保持女性的魅力，一生都没有结婚生子。很多女性朋友羡慕她们：身材保持得完美，外貌精致高雅，时间自由轻松，思想非常有深度……在我看来，这种魅力是不全然的，美则美矣，但是缺乏一种蓬勃、一种滋养、一种生命力，还有女性母性的光辉。

我还认识很多女性，她们长得不好看，也不一定有多高的文化水平，却散发着一种柔和而温暖的美，充满了生命力，滋养他人。我曾经想过，不结婚生子，一生都保持年轻时候的优雅和精致，但我发现身边的许多女性在生育孩子之后，更加有女人的韵味。

虽然单从外形上来讲，她们不再将自己打扮得那样精致，但是她们拥有了一种饱满而温柔的美，在生命中不断孕育出新的魅力。我在她们身上感受到了生生不息的生命流转，感受到了自然造物的美，那是一种综合的心理感受，不是只停留在肉体和衣着打扮上。

我转变了观点，甚至有点儿期待结婚生子，期待着自己在结婚生子的过程中激发内在生命更多的自然能量。如今回过头来看，我不后悔结婚生子，虽然生养孩子非常辛苦，体型也因此发生了变化，但我在其中所获得的快乐以及实现的身心成长和舒展，都是无可替代的。

结婚生子让我放下了对自己美的执念，而把更多的美好心思放在了丈夫和孩子身上，扎根在大地之上，用自己生命的能量托起整个家庭，获得了前所未有的美。我相信，结婚生子和生儿育女会激发女性本质的包容力，让女人像一棵大树一样枝繁叶茂。

这些对曾经的我来说，都是害怕和拒绝的。曾经的我只想任性地生活在诗情画意里，无法舍弃内心的富足与自由，而现在，这些并没有远离我，我竟然能够把繁杂的家庭事务处理得妥妥帖帖，把寻常生活过得诗情画意。

所以你看，婚姻并没有那么可怕，只要你从身体到心理进行全面整合、适应和调整，你是可以规避掉现实与理想的差距，收获满满幸福的。

记起民国时的郭四小姐，她从小养尊处优，是大海上最有名的贵小姐，但谁也没有想到，她嫁人后会遭遇接连不断的磨难与困窘。可她一句也不抱怨，只是坦然接受，在困顿中亦不忘经营生活。从豪宅被赶到陋室，冬天醒来甚至脸上结霜，她却说："晴天时，阳光会从破洞里照进来，好美。"

在一片泥泞里，她将自己的高贵与从容，变成了那样一朵灿烂而永恒的花。

真正的匮乏从来不是财富的匮乏，真正的高贵亦从来不是家财万贯、挥金如土，而是来自灵魂的丰富与从容。同样地，真正让人可怕的并不是婚姻，而是很多女性在自我和家庭之间的摇摆，是现实和理想之间的落差。

对很多女性而言，我们并不害怕婚姻生活的琐碎，也渴望享受人间烟火，只是害怕在琐碎中消磨了心志，变成一个只肯务实的精致利己主义者，却忘记了自己的初心和诗意。

但是，姑娘们，不要因为这份害怕而拒绝走进婚姻。

我想起一句话：你凝视深渊的时候，深渊也在凝视你。

当你害怕的时候，你一辈子也不会碰到幸福，因为你看不见身边那些婚姻美满的人；你看不见异地恋的情侣在车站重逢的拥抱，心里有多暖；你看不见下雨天男生撑着伞和心爱的姑娘回家，心里有多甜。

其实，准确地说，是婚姻害怕你，因为没有哪一个男生愿意把自己的一生赌在一个暗淡无光的姑娘身上。

不要再因为担心尚未发生的伤害，而拒绝可能发生的幸福，勇敢去爱吧！

7. 生活的确需要一些仪式感

平凡的生活需要用心、用情，也需要慎重妥帖的仪式感。

说起仪式感，我想起《小王子》里的那句话："仪式感，就是使某一天与其他日子不同，使某一时刻与其他时刻不同。"

还有奥黛丽·赫本的经典影片《蒂凡尼的早餐》里，霍莉每天穿着黑色小礼服，戴着假珠宝，在蒂凡尼精美的橱窗前，慢慢地将早餐吃完。哪怕只是最简单的可颂面包与热咖啡，在那一刻也宛若变成盛宴。

仪式，是会让平凡日子发光的魔法，是琐碎生活里的梦，是每个女生都无法拒绝的浪漫。

很多人会把仪式感当成矫情，觉得生活已经很累了，干吗还要费尽心机去做这些不实用的事？大费周章，有什么意义呢？还不如把钱花在一些务实的地方。可你是否想过：人是情感动物，缺少这种“矫情”，会让你的生活枯燥无味。就像有位名人说过：仪式感是为了让你觉得，你是在生活，而不是只是生存。

在现实生活中，总有很多人抱怨，“哎，生活真没意思”。其实，不是生活没意思，而是你没意思。

我是一个很讲究仪式感的人，我身边的朋友也是如此。所谓仪式感，就是不辜负每一个时刻，不辜负每一分美好，用心过好每一天。哪怕没有浪漫和惊喜，自己也适当地制造浪漫和惊喜。

我的好朋友娜娜，是一个非常注重仪式感的女性。不管是单独吃饭，还是跟别人一起约会，她总是要进行精心的布置和摆盘，有时还会拍照发给我，让我们与她一起享受这份美好；她也非常注重穿衣，不是一味地追求名牌，而是讲究得体。

有一次，我过生日，我自己都没有太当回事，而娜娜不远万里奔赴而来，带着香道老师、花道老师、茶道老师，帮我插花布置茶席，为我准备衣服，策划了一场小型而温馨的生日会。

我受到她的感染，仔细想想，确实是这个道理。如果我们对什么都敷衍了事，那自然不再有期待，生活里的乐趣和感动都会少了很多。

我一直相信，仪式感对我们而言，庄重而有意义，它让每一个平凡到尘埃的日子可以无限散发光芒。我很欣赏那些能够一直保持仪式感的人，也始终提醒自己要对生活保持热情。有段时间，我不是在喂奶，就是在喂奶的路上，但即使是在带娃，我也会享受自家院子的春光，也会用心观察生活里的美好，把生命里平凡无奇的每一天，过得踏实而不同。

很多夫妻都会疑惑：我为什么和伴侣走着走着就走散了？细问起来，双方其实都没有什么大错，“是没做错什么，也感觉不到爱了”。

其实，说感受不到爱了，就是因为没有了“仪式感”。

习惯了每天日复一日的见面和聊天，心里已然激不起半分涟漪。如果这时候，双方约定每周出去约会一次，新鲜感不就来了吗？

人与人之间的仪式感不是说要搞得多么正式、奢侈、复杂，也可以简简单单，准备一个礼物，为对方煮一碗面，甚至是一句简单的“我爱你”都可以变成一种仪式。

爱那些生命里的闪耀时刻总是容易的，但要以同样的心去爱那些平凡的、无奇的、无事发生的时刻，不是轻易的事。

生命里的很多日子，我们是寻常地起床，寻常地吃饭，寻常地走路，寻常地做事，寻常地在等待大事发生，最终平凡无奇地度过一日又一日。

但如果你愿意，愿意以对待盛景的心，同样地对待寻常，这些寻常也会成为谷雨的雨。它们会悄无声息，它们会随风潜入，它们会默默滋养你。以日日，以夜夜，与盛景无差。

8. 爱他，就请信任他

一段扎实的良性关系，一定是来自彼此的信任。

首先，信任自己，相信自己的魅力和实力；其次，信任对方，信任对方的爱和能力，信任他是为了你们的家庭而出去打拼，信任你们这段关系。

很多婚姻悲剧的发生，都是信任出了问题。

当你开始质疑老公，总是在猜忌：你是不是不爱我了？是不是有别人了？这种内心的嘀咕和猜疑会变成一种暗示，会变成一种负能量，成为事态发展的先兆。本来没有的，也可能按照这种暗示发展出来，这是一种负面暗示。而当你在两性关系中怀着充分的信任，就会产生一种积极暗示。

说来遗憾，很多女人就是因为这种怀疑和神经质，而毁掉了自己的幸福，整天活在猜忌之中，苦苦地想要找对方寻求安全感。

我身边就有这样一位女性。她是某个领导的太太，因为丈夫事业不错，时常会在外交际应酬，就总是怀疑丈夫在外面与其他女人暧昧。退休后，她有了大把的时间，就开始无休止地追踪丈夫，监听、定位、打电话和发微信……无论她的丈夫在外面处理什么工作、在什么社交场合，或有什么人在场，都被要求电话秒接、微信秒回。不仅如此，这位女性甚至会突然出现在丈夫的单位，美其名曰一起吃饭，实则监视、示威。

长此以往，在妻子无孔不入的跟踪之下，丈夫的颜面和尊严感丧失殆尽。对他来说，家庭已经不再是温暖的港湾，早已失去了曾经的爱和亲密，两个人渐渐走向陌路。虽然现在还未离婚，但婚姻早就名存实亡，看不到任何应有的欢喜与美好。

这位女性错就错在疑心病太重，如果爱他，何妨多信任他一点儿呢？如果她正视过这个问题，如果她有自己的充实生活、有对自我人生的充分信任，就不会将时间浪费在猜忌和胡思乱想上。

当然，这份信任是需要夫妻双方去努力和经营的。比如说，如果有一方没有安全感，那么另一方就要尽可能做一些努力，经常主动汇报行程，多做一些让对方放心的工作和举动，多表达自己对他的爱，多去肯定对方……在不断的良性互动中，双方增加对彼此的信任。

站在女性的立场上来谈论信任，我认为，每个女性都应该学会反求诸己，因为最大的安全感永远是自己给自己的。

任何让你信任的人，可能也会在某一天做出伤害你的事，打破你的信任。所以，真正能解决问题的办法，是你自己的内心强大起来，你自己坚定起来。

首先，要去约束自己的思维，对自己的心理进行主动积极的管理，不要总去怀疑对方。第二，要不断地去做一些努力来完善自己的性格，提升自己的内心力量，也提高自己的自信，让自己变得越来越好。

不管在哪里、在什么行业，都是实力至上，婚姻里也是如此。你在公司里面要靠实力说话，你在家里面也是靠实力说话。如果你是公司里的骨干员工，老板当然对你很上心，无法忽视你；如果你在公司里什么贡献也没有，可有可无，老板也就不把你当回事。

同样的道理，如果你在这个家里，只是衣来伸手、饭来张口，没有发挥自己的价值，那肯定也不会有家庭地位。当你在家庭中处于弱势，明白自己没有地位，你当然会害怕和惶恐，拼命地想要伸手抓住你的伴侣。反过来，当你自己肯定自己，知道自己做得很好，在家庭里无可取代，你也就根本不会去担心伴侣离开。

我有一个姐姐，在这方面就做得非常好，姐夫完全离不开她。他们夫妻俩在事业上相辅相成，互相支撑，姐夫负责专业方面的事情，而姐姐则承担了公关宣传方面的工作。因为姐姐在事业中占据了非常重要的位置，自己有底气，从不担心姐夫在外面拈花惹草。事实上，姐夫也不敢乱来，哪怕他有了花花心思，为了事业也得好好掂量。

还有一种信任也非常重要，那就是对彼此能力的信任，尤其是妻子对丈夫。我们听到太多妻子责怪丈夫没本事。但实际上，一个有智慧的女人不会说出这样的话，哪怕眼下日子不好过，她也会选择信任自己的丈夫。

你要充分相信他，他会获得成功，他会给这个家带来幸福，他会带你过上想过的生活。哪怕全世界都不信任他了，你也不要打击他，因为你的信任对他非常重要，是他前进的动力。你越信任他，他越发展得好，你越质疑他，他越发展得不好。

仔细想想，夫妻在一起一辈子，只有感情和门当户对是远远不够的，更重要的是信任和忠诚。夫妻间最怕的，不是感情变淡，而是猜忌。如果你想让他全心全意地信任你，那就请亮出忠诚，而不是模糊界限，让伴侣多想。

忠诚都是互相的，信任也是。

9. 浪漫是感情最好的兴奋剂

《绝望的主妇》里面有句台词："无论身心多么疲惫，我们都必须保持浪漫的感觉，形式主义虽然不太好，但总比懒得走过场要好得多。"

浪漫是什么呢？浪漫不仅是恋爱时新鲜感和激素催化出来的光环，更是天长日久的夫妻生活中长久的诗意。

每个人都希望自己的生活充满浪漫，尤其希望与自己的爱人享受浪漫与美好。

但是，有太多女性认为，浪漫就是别人给的，是跳到一个美好的环境里，享受一场梦幻的悸动。这种浪漫是美好的，却是一种浅层的美好，真正的浪漫是在忙碌的生活中创造诗意，是在平凡的日子发掘惊喜，是总能从世俗世故中超脱出来的纯真性情，是勇于担当、主动创造的生命力量。

我的每一次浪漫都是自己创造的。

我的老公是个“直男”，哪会主动去创造浪漫？很少。但我可以去创造浪漫，因为生活是自己的，可以由我去创造美好，把美好留在记忆里。

我喜欢给家庭创造浪漫，给孩子创造浪漫，也给我自己创造浪漫。

作为一个女人，我们完全有力量去创造浪漫。我们女人的特质如大地，是包容的，是承载的，也是给予的。所以何必伸手找别人要呢？我们可以制造浪漫、给予浪漫。

自私的人是不会有浪漫的，如果我们总在等待着、等待着……那么放心，世界上不会出现一个白马王子，像你想象中那样风度翩翩地每天来给你创造浪漫。即便有这种情况，也是很少很少，而且也是短暂的。

那么，如何在平凡之中，在一地鸡毛的日常琐碎中，活出浪漫呢？

首先，它需要你拥有强大的内心，需要你的容纳、你的成长、你的创造和你的给予。

比如我在桌上摆了一束花，这是昨天我在外面捡的，不要钱。但我插在这里，认真地挑选了花瓶，搭配各种颜色的花朵，一整天看着它就觉得特别养眼，很美好，也让人很愉悦。这是我创造给自己的浪漫。

我身边的朋友都觉得我浪漫，我常常会创造一些美好的活动邀请朋友来参加：读书会、赏花、出门踏青……他们会跟我说："谢谢你创造这么多的美好。"而每一次大家口中的美好，实则并不是因为钱，而是贵在我的创意和努力：我提前开始筹备，盘算每个细节，吃什么、喝什么，配什么茶点，摆什么茶席，用什么工具，如何接待……面面俱到，事无巨细，最终给自己，也给朋友带去无数欢乐。

也许有人要说，生活都已经很有压力了，哪有这种闲心情！

谁不忙碌呢？大家都是一样的，有钱人的忙碌更甚，因为他的企业大、盘子大，所要承担的压力更大，他要处理的事情就更多。但你会发现，这些有钱人往往也喜欢挤出时间来创造浪漫，享受生活。

其实每个人都是忙的，只是看你能否挤出时间来，能否多用点心在创造生活的浪漫上。

就像我，我每天中午都选择打坐，而不是午休。因为打坐可能半小时就够了，而睡午觉我可能需要一小时甚至两小时。有时候真的没有时间了，我也会在夜里抽空儿，趁着大家都睡觉之后，整理家里的插花、摆设、茶具等，就为了第二天家里来客人的时候，能给他们一些惊喜和美好。

有时候需要把睡觉时间挤出来，把休息的时间挤出来，把你玩的时间、业余爱好的时间都挤出来……浪漫是需要努力和辛苦去创造的，浪漫不是天上掉下来的。

我先生宁愿待在家里面，也不愿意到外面去。因为他在家里各方面都最舒服，我给他创造了很舒服、很美好的氛围和环境，小到我们家的茶席，大到家里的装修，他都觉得是最美的、最浪漫的。

有些女人不浪漫，是因为没有一颗浪漫的心。比如吃饭、穿衣、睡觉，在她们眼里就是纯粹的吃饭、穿衣、睡觉，但有人能够吃出情调、吃出浪漫、吃出艺术感。

在我看来，浪漫应该是所有女性的基础功能，我们不能困于厨房，每天在柴米油盐里打转，而应该努力让自己活出艺术感，活成艺术品，活出美感。

作为女性，我们要掌握一些能够创造美的技术和鉴赏力，而且内心要有一些诗意，有一些浪漫。多读书，多看诗词，多接触美好事物，在漫长的岁月中要知世故而不世故，用自己创造的浪漫来滋养自己和家人的生命。

10. 既要有大女人的胸怀，又要有小女人的可爱

一个女人的魅力是多方面的，既可以有大女人的担当和胸怀，又可以有小女人的娇俏和可爱。

小女人可以温柔、可以撒娇，惹人疼爱，让男人有保护欲。其实，一个女性只要能够柔下来，发挥出柔的能量和魅力，就能做到楚楚动人。而且，不管我们多大年纪，都要保有一颗“少女心”、一颗浪漫的心，永远年轻，永远对生活充满新鲜感，如此才能永保这份可爱。否则，人年纪越长，历经世事，看尽一切沧桑，心如止水，什么也激不起兴趣，就失去了小女人的魅力。

女性千万不要把自己活得那么深沉、老练和世故，我们要永远保持那份纯粹、简单，永远对生活充满一种期许和追

求。即便已经四五十岁了，可在丈夫的心里面，你依然可以做一个小女孩儿。

但同时，你也需要有大女人的能量。因为现在有很多年轻女性，只懂得柔，不懂得独立，把自己当成藤蔓似的依附男性而活，满脑袋不切实际的幻想。长此以往，她们必定会遭受挫折，因为一个无法付出爱、无法分担风霜的女人，注定是无法收获幸福的。

小女人只是来调剂生活、增进感情的，生活里更多是需要大女人的胸怀和担当。你需要跟他共同担起风雨，共同担起家庭的重任，甚至是替他排忧解难，成为他的避风港湾。

在小女人和大女人之间，这种分寸感很难把握。

很多女性就是过于自立自强，天天操心这个，顾虑那个，强势而能干，不知道示弱，更不懂撒娇。她们把自己当成了保姆，不知道生活的情调，把小女人的一面全给过没了，埋藏在生活的油盐酱醋里。这样当然不行，自己辛苦，伴侣也不开心。

有的女性呢，又永远长不大似的，只知道撒娇。一旦不如意，就吵架、分手、冷战，丝毫不知道体贴伴侣。但离开伴侣，她们毫无生活技能，也没有任何经济储蓄，这是完全把自己当成了女儿，时间久了，同样会让双方感到疲惫。

健康的两性关系，应该是平等的，也是互动和互补的。它不是二选一的选择题：我要么就当你女儿，要么就当你妈。而更像一道灵活的简答题：根据情况而定，我可以有时候是女儿，有时候是妈，有时候是其他人。

在两性关系中，我们的角色可以是多元的状态，而不是单一的状态。

就像我的先生，虽然七十岁了，依然时不时会很调皮。

为什么总是把两性关系比喻成双人舞呢？因为夫妻两个人的角色和能量也像跳双人舞一样，当他需要当儿子的时候，你就要当他的妈妈；当你需要当女儿的时候，他就当你的爸爸。你们互相都能感知到对方的需求，游刃有余地在角色转变之中更加和谐。

两性关系中，如果把自己绑定在一种不平等的角色上，就会出很大的问题。

有很多女性完全把自己活成女儿的状态：我找了个老公，我找了个男朋友，他就必须要像父母一样养育我，满足我所有的心理需求，要无条件地满足我。

网络上，也经常有把老公或者男朋友拿来和父母比较的视频，其实这种导向是不对的。甚至还有一些年纪大的女性，内心依然不成熟，觉得老公就是要担负她的一切，负责她所有的缺失和需求。这种心理不仅不正确，反而暴露了一些畸形的心理问题：内心有缺失，才会向男性过分地索取爱和关怀。

当我们发觉这一点，就要学会让自己给自己爱，让自己去做自己的爸爸妈妈："我知道内心的小女孩儿又跑出来了""这样是不对的""我来做自己的爸爸妈妈，照顾好自己""我自己满足自己的需求"……通过这些心理暗示和复位，及时调整自己的角色。

总而言之，一个人在两性关系中扮演的角色、发挥的能量不应该是单一的，而应该是多元、互动、互补的。

就我个人而言，我还想谈谈关于大女人能量的看法。因为如今社会上多的是家庭中的小女人、职场上的女强人，而真正要在家庭中发挥出大女人的能量，是很不容易的。

大女人，意味着包容、独立、担当，她跟男性是并肩在一起的，就像舒婷的那首诗《致橡树》所说，不攀缘、不依附、不指望着对方过日子。你需要的时候，我可以来支撑你、担当你；你疲惫落魄的时候，我会给予你爱，打点衣食住行，照顾你；你遭遇事业低谷的时候，我也会不离不弃。

现在有一些女性，一看到丈夫做生意亏了、破产了，就要离婚，这其实是没有担当的表现。

我们的伴侣会陪伴一生，愿我们在这段人生旅程中都能互相支撑和给予，共同生长和繁盛。

11. 学会欣赏与尊重

欣赏和尊重，是夫妻之间感情的重要基础，也是两性关系健康和谐的一个根本性的影响因素。

其实，在择偶阶段就必须要看重对彼此的欣赏和尊重，在外貌、金钱这些外在条件之外，更要注重自己内心的感受。就我个人而言，在令我欣赏的基础之上，我还需要伴侣让我崇拜、钦佩甚至折服。

那种状态无法言喻，对方身上仿佛有光，光芒四射，能让人全身心地融化在他的魅力里，从而带来强大的幸福感。

现在很多情侣在择偶时，都会过分看重外貌和外在条件，而忽视了人品、德行、修养等内在素养和品质，所以常常遇到渣男。我们其实不能冲着美貌、金钱去爱一个人，而应该基于欣赏去爱一个人，否则，一切都是新鲜感在维持，一旦新鲜感过去就会出现各种问题。只有精神、灵魂层面的互相欣赏才是最稳固的，也是最需要考量的择偶因素。

以我和张导的婚姻经验来看，你的伴侣还应该是你非常尊重的人、非常欣赏的人。就比如说他的品性很好，为人正派，或者他在职业上能力突出，交际广泛，名声显赫等。那么，他不管是为人夫还是为人父，都会很尽责，不会有任何的人品瑕疵，令你心服口服。

我对张导仰慕不已，甚至钦佩，由此滋生出爱意。

嫁人别嫁财，也别嫁貌，要嫁就嫁才华。

如果你的丈夫，是你喜欢的、欣赏的，又是你爱慕的，甚至是你发自内心钦佩的和尊重的，那么你是个幸运的人，因为这样的人很少。

当然，随着婚后的摩擦和吵闹，即便是互相欣赏的夫妻，在生活琐碎中也会闹矛盾。那个你曾经仰望的人，变成了你最熟悉的人，朝夕相对，也可能失去了当时的那种吸引力和新鲜感，这都是正常的。

所以婚姻需要经营，在这种情况下，我们就要想办法去找到你欣赏的地方，不要总是放大他的缺点。要思考，我当时爱上他是因为什么，他的缺点是不是我能够包容的？他的优点能不能盖过他的缺点？

这种时候，尤其要注意两点。

第一点是需要反思，是他真的变了，那些让你欣赏的点都不在了，还是你自己变了？变得贪婪，变得得陇望蜀。你需要好好捋一捋自己和伴侣，认真感受他的优点、他的好，掐掉自己因为攀比而生出的不满足和虚荣，调整婚姻状态。

在漫长的婚姻中，要时常停下来看一看，去发现对方的好，去看一看这个人身上的魅力，去回顾他的付出、他的不易和他的闪光点。

还有一点，不要盯着他的缺点不放，不要扎堆到一堆怨妇里去扩大这些负能量。作为女人，交友也是非常重要的。有些人可能习惯了吐槽自己的伴侣，而我们要做的是尽量避免如此，不要被这些人同化了，让原本的小情绪变成大问题。

那么，在日常生活中，怎么做到尊重和欣赏伴侣呢？

首先是言语的尊重。有时候吵架，在气头上，我们可能因为受到情绪影响去触怒对方、伤害对方、攻击对方，这是一道很深的伤疤。你想想看，每次吵架原本都是因为小事，若因为不妥当的气话，让战火越烧越烈，事后回忆起来也依然伤心。所以我们必须要带着一分警惕：再怎么样也不能践踏对方的人格，不能冒犯对方的痛楚。

其次，是形象的尊重。如果可以，一定不要去破坏男人的形象，而是在外人面前给足充分的面子。一个智慧的女人，在家可以随便吵，但如果有外人在，如果在公开的场所或社交场面，一定要尊重他的形象。

以我自己为例，网络上有条热门视频，是关于我给我家先生倒水的。很多网友评论我卑微，议论我不应该弯腰倒水，显得毫无家庭地位。其实我并不在乎，在外人面前，我并不介意展示自己的家庭地位低，满足张导的大男子形象，只要回到家，关门过日子的时候，张导并不大男子主义就可以了。

还有一些时候，张导在访谈或综艺上说的一些话、做的一些事情，让我生气了，觉得被冒犯了，我也不会在公众场合喊话或者在微博上发文讨伐，而是回到家和他理论，当然也会吵起来。但我始终会在外人面前给他留面子，照顾他的情绪。

两性关系就是双人舞，我有的时候可能会表达我的立场，有的时候可能也要宣泄我的情绪，但有的时候我又退让了。这进退之间，都是智慧。

说来说去，爱情不是去找一个完美的人结婚，而是能够学会欣赏并尊重那个不完美的人。因为哪怕真正嫁给了一个完美的人，日积月累，也会慢慢发现眼前人也是一个普通人。难道你要因此换一个人爱吗？不，你需要了解人的局限，明白缺憾的必然，学会欣赏那个人身上的好。

12. 缘起无常，看淡得失

不知道从什么时候开始，我们会害怕爱情，喜欢了也不敢说，得到了也唯恐失去，在爱情里诚惶诚恐。

其实相爱也需要平常心，它是诸多缘分中的一种，缘来缘去，一切有为法，如梦幻泡影，如露亦如电。因缘际会，成住坏空，世间一切都逃不出无常，顺其自然就好，何必害怕它呢?

缘起缘灭，人世无常，男女关系也是如此。爱情是人性的最高范畴，也是修行的道场，我们在两性关系中也要时刻保持这样的认知：我们生活在一个无常的世界中，不必苛求执着于一个永恒的关系，要保持一颗平常心。这对于我们在感情中保持更好的状态、对于我们更好地处理感情问题、经营家庭关系都有助益。

关心则乱，情到深处总是会患得患失，但感情抓得越紧，反而越会流失。

很多时候，我们一些关系的紧张都是因为患得患失，没有安全感：万一有一天他背叛了我怎么办啊？如果你背叛我，我都活不下去了；如果没有他，我就活不下去了……如果有这样一些负面的指令指引，会导致最不想看到的、最不想发生的，反而发生了。当你内心觉得对方是你的私有财产，满心充斥着占有和霸占，对方会感应到。他会感觉到一种隐形的控制，想要逃离。他的潜动力就是逃离你们的关系，这会引发无形的、很多的矛盾和紧张。

如果在两性关系中出现这种情况，真的需要从思想认识上转变，只有接纳人生的无常，才能真正看淡得失。

我跟张导选择在一起的时候，你知道我抱着什么心态吗？那时候的我并不了解他，只是无形之中因为爱，因为说不清、道不明的一种魅力，被他征服了。

确定关系后，我也曾经有过不安全的感觉，也会跟很多大众一样，觉得跟一个导演在一起很冒险，比如他会接触很多美女，有很多这样那样的顾虑。一方面，我知道自己的内心是喜悦的，我确实很喜欢他，跟他在一起感觉非常好；但另一方面，我又是恐惧的：万一他有一天背叛了我，我一定会很痛苦。

左右为难之后，我一直在思索：未来可能的痛苦和当下的幸福感，哪一个是我想要的？我慢慢明确了，我想要当下的幸福感，这超越了对痛苦的恐惧；我不能因为害怕痛苦而不要幸福感。于是，我就对自己说：我为了这个幸福去买单，这个痛苦可能几个月就来，也许一年就来，也许三年就来。如果痛苦真的来了，我就把它看成是生命中的一个劫，一个需要我去过的红尘关，需要我去成长经历，去历练度过这一段痛苦的历程，坦然面对。我心想：好，我为自己负起责任来。

这就是我当时全部的心理过程，也是让我收获幸福的诀窍。

很多痛苦是因为无法对自己的选择负责任。我对人世的认知就是：人生就是这么无常，就是会有痛苦，必须经历喜怒哀乐。我也会对两个人的关系有一种很随缘的心态，我觉得很多事情是命定的。如果注定你们是一辈子很相爱的，那么可能一生相爱。也有可能两个人只有几年的婚姻关系的缘分，缘分已经尽了，那你得接受现实，坦然面对。我们要有面对、接受、放下的能力。

有的夫妻在生活当中没有能够很好地维持关系，最终一方的爱逐渐耗尽，二人背后的缘分也就尽了，还如何强求他、死绑着他去爱你呢？任何的事情、任何的关系，都会有一个成、住、坏、空的过程，你们的关系都会随着死亡空了。

有一些女人不能够冷静地面对现实，陷在痛苦中，甚至终其一生被痛苦牵绊。不爱了就是不爱了。你的日子要不要过？你要不要让自己的生命重新启动，重新走下一段生命历程，还是说你就随着这段缘分了结就此结束了？即便是遇到了感情的失败，也只是生命中的一段经历，是一段修行。其实，越早说我要把这一章翻过去、要过好我新的人生，走我新的人生路，越能够更早淡化掉以往，渡过无常的艰难。

在我看来，该我承担的责任，我要承担。我不会因为一个人背叛了我，就对他怎么样。我觉得一切都是我选择的，那些负面也是我选择的。我要对自己的选择负责，对可能发生的一切无常心有准备。

只有带着这种对人生无常的认知和接纳进入两性关系，在日常的相处中才会比较愉快。

当你带着这种认识的时候，你不会有那么多的掌控和抓取，这样双方的关系比较轻松，不会患得患失。你越自由，你越宽泛、越自信、越饱满，他反而越重视你。

我经常跟我的另一半说：如果你真的不爱我了，如果我们真的没有爱了，就不应该在一起。

因为生活中有太多的负面例子，有的夫妻感情已经破裂，但为了孩子貌合神离地继续婚姻。但人在亲密关系中是最难以伪装的，开始或许还可以保持一种平和，天长日久，孩子总会感受到。

感情破裂但非要在一起，这对孩子是非常大的隐形伤害。与其用风雨飘摇的不安全感来维护表面上的和谐，不如和平地去面对，坦诚地告诉孩子父母感情破裂的事实：爸爸妈妈的缘分已经尽了，彼此不再相爱，但我们是家人。我们都还是你的父母，我们还是亲人的关系。虽然父母不在一起生活了，但我们对你的爱都依然不变。这反倒是最好的局面。

人生无常，不为尧存，不为桀亡。我们的一生，必须看到无常、接纳无常，或许还会经历无常。两性关系也是纷繁世事中的一部分，是复杂人性的一方面。愿我们都能有最根本的接纳无常的心态，活好每一个当下，享受每一个当下！

13. 女主人的自我修养

无边无际的琐碎事务像汪洋，如狂风巨浪一般击打着家庭中的女人，如果不能提起一口气乘风破浪，便会被淹没在琐事里，身心俱疲。

要当一个游刃有余的女主人，并非轻易之事。

首先，女主人有做不完的家务要打理，她维系着孩子和伴侣的日常生活。

不知天下的母亲是否都如我一般，每天只要睁开眼睛，就已经有一堆的事情等着我去做，一直忙到凌晨一点多才睡下。囫囵睡个觉，第二天早上六点钟，又得准时起床照顾三个孩子。

早上“战事”最紧张，须得片刻不停地冲锋陷阵。送走两个哥哥后，我要尽快安排好中午的午餐，才能坐下泡一杯茶、翻几页书，调节自己的状态。

茶还没喝完，新的工作又来了，我只好一边陪伴小花仙，一边谈工作。这还不提给孩子们挑选衣服、尿布、玩具、图书……

这就是一个家庭女主人的日常：衣食住行、教育陪伴、清洁消毒……因为对家人的爱，家中事无巨细，事事都要精心准备，亲力亲为。

一个家庭，尤其是孩子多的家庭，有数不清的事情要处理，有无穷无尽的事务要操心，而所有的操劳、勤勉最终都化为了润物无声、无招无形的日常。

其次，一个女主人要扛住所有压力，因为她的付出可能没有回报，还伴随着不理解。

因为经历过，所以懂得。

我很理解太太们的辛苦，因为女主人最终的劳动成果都化为无形，所以其中付出的心血总容易被忽视，甚至还会遇到别人横加指责："什么都不做只照顾家庭，还要说自己辛苦吗？"

就像有些人看我，总觉得我活在出尘脱俗的境地里，身上没有半点儿生活、工作和家庭芜杂的压力。

确实，读书品茶、插花焚香是让我最放松的时候，因为这些创造美好、触碰美好的片刻，给了我精神和审美的充盈，让我疲惫不堪的身心得到舒缓。我以这样的方式，疏解生活的烦乱和疲惫。

“书是随身携带的避难所”，诗酒花茶是我生命中最好的休憩和振奋之所。正是在其中获得的强大精神力量，让我提起一口气，在漫无边际的事务中有条不紊，不至于被淹没。

其实，家庭之外，我的工作也并不轻松。

作为妻子，张导所有的行政工作和商务洽谈，全部由我负责。我需要不间断地见人谈事，打理和安排张导的日程，就连月子里也都是拿着手机不放，忙着处理、对接事务，从睁眼直至深夜，这就是我的日常。

但再累，我也不愿意缺席孩子们的成长和先生的生活。

与很多母亲一样，有人问我怎么留这么长的头发，答案恐怕是没时间去理发店。我一两年都不一定去一次理发店，一方面是全部的心思都在为家人张罗，已顾全不了自己；另一方面，确实是因为逛街、做美容等，并不能给我带来心中的力量，反而是诗书之声、花茶之韵、精神之馨香，才能给我带来扎实的力量和快乐。

再者，一个女主人还要不断自我成长，跟随伴侣的脚步，给孩子们做榜样。

哪怕被众多烦琐事务淹没，我也从来没有放弃自我的成长。在繁忙的时候，我会通过录视频的形式在网上打卡背诗读书，以此激励自己。

生活的琐事是永远都忙不完的，我们要自己给自己创造强制休息的机会，在琐事里修身养性，不断提升。

所谓俗务，只要赋予了追求美好精致的心，便可成为雅事。古之文人士大夫所谓雅集，所谓雅事雅趣，也不过是生活点滴：陶渊明归园田居，亲自耕种，还可东篱采菊；苏东坡辗转谋生，依然“倚杖听江声”……人生穷通困顿皆是常事，平凡点滴亦可美好。

平日里，买菜、买日常用品、买孩子们的衣物零食、陪孩子上课、带孩子去医院……这些生活琐事，我都亲力亲为，在每一天平凡的生活里创造不平凡的惊喜。我生怕一个环节有疏忽，也念着只有妈妈才能给宝宝最好的陪伴，只有妈妈才能在孩子每一天的成长里注入追求诗意美好的信念。

回望这几年的婚姻生活，插花布茶，诗意盎然的背后，是一日日不知疲倦地勤勉操持。

虽然有着十来年的心理学修习和禅修功底，但人非圣贤，心底的能量也会有被吸空、不够用的时候，但好在我能够灵敏察觉自己的状态，也能够运用一些方法及时调整。

都说女人本柔，为母则刚。每个女主人都不容易，因为知道自己不能崩溃，更不能倒下，家里家外有太多事情需要我们来支撑和处理。而且，我们也不愿意让孩子在家中感受到任何不美好，更不愿意让他们看到自己疲惫不堪甚至几近崩溃的模样。

在周遭无比繁杂的事物包围之下，我们连哭泣和崩溃的时间都没有，常是匆匆擦干泪水，就要挤出笑容，用向阳之心面对和处理一切。

从来没有什么清闲，更没有什么轻松。女主人不是不疲惫，而是必须担当起一个大家庭的责任，处理好繁重的事务。我自己从来没有抱怨过，这就是生活的本来面目，也是生活给每个人的功课。

我相信每一种艰辛背后，都蕴藏着命运馈赠的礼物。于是，我选择只看到阳光的一面，将内心的美好投射到生活中，选择分享美好、咀嚼美好、回忆美好、传递美好。

在荆棘丛中开出花来，才是真正的欢喜，才是每个女主人最大的荣光。

14. 全职太太到底能不能当?

多年前，曾有人问过我的人生理想，寒窗多年的我冒出的答案竟然是：成为贤妻良母，做好相夫教子的好内助。

时光未央，岁月静好，有了张导和孩子们的陪伴，我现在也终于过上了理想的生活，拥有了属于我自己的舞台。这个舞台很大、很重要，也很长远，对我的生命、丈夫和孩子的生命，对整个家庭、整个家族都意义重大。

回望这一路，我很想说：其实当全职太太、家庭主妇，并没有什么不好，它也是一种职业，而且是工作时间最长、身心投入最大、职业风险最高、社会认可度最低的职业。

很多人对家庭主妇存在误解："你天天在家，有什么累的？"

家庭主妇几乎不敢喊累，因为十有八九，大家并不会认同。他们觉得，家是休息的地方，天天在休息的地方，有什么累的？

但真的是这样吗？对于上班族来说，写字楼是他们的战场，但对于家庭主妇来说，家就是她们的战场，并不曾放松和休息：案板是键盘，拖把是鼠标，饭桌是WORD（电子文档），地板是PPT（演示文稿），整洁干净的居家环境是显示器，桌上美味可口的饭菜是工作总结——家是职场，全职太太是职业，工作有多累，家务就会有多累！

还有一个更残酷的事实，上班族在办公室受了委屈，可以把家当作避风港湾，诉说辛苦、寻求安慰；那家庭主妇在家受了委屈怎么办，离家出走吗？她们只能自己消化情绪。

所以，不要再轻视每一位家庭主妇，她们的工作很重要。

我的家庭主妇生活也是这样。我并不觉得自己的才华和学历被浪费了，面对无边无际的琐碎事务，我也施展着自己的才能，让自己不被风浪击倒，不被现实淹没。我也尽自所用，呵护着自己的伴侣和孩子，让他们置身一个温馨而美好的环境。

这并不比上班逊色，甚至贡献更大。

俞敏洪说过：子不教母之过，妈妈的素质将决定孩子的一生。杨澜更是直言，母亲的素质将会决定一个国家的素质。

可见母亲对于孩子的教育有多么重要。我愿意投身家庭，将大部分精力和时间都放在孩子的身上。

须知，这并不是中国人的一家之言，公认聪明的犹太民族更是深谙此道。尽管西方社会中犹太妇女的文化教育素质很高，但就业率低于其他民族，原因是她们要留在家里照看孩子，以确保孩子的学习质量。

可以说教育孩子是女性天生的使命，男性几乎毫无替代性可言。有人说，女人在知道自己怀孕的那一刻就已经开始做妈妈，而男人要等到孩子降生才开始做爸爸。

女人因此有天生的使命感和耐心来哺育孩子茁壮成长，而培养一个优秀的孩子、打造一个温馨的家庭，就是全职太太最大的成就感和回报。

第三章

育儿之心，当怀包容

养孩子，实在是一门学问。

都说孩子是花朵，养孩子可比养花复杂多了。说是育儿，其实，我们在和孩子一起成长。

1. 总怀不上？
放松心情，宝宝就来了

2018年是我的本命年，对于本命年，我们的文化中总有很多避讳和想象，然而幸与不幸，终究因每个人生命的姿态而有所不同。

在这个本命年里，我收获了人生中至为重要的礼物：迎来了我期待已久的小生命！在这个本命年里，我体验着孕育生命带给我的种种乐趣，也体验着身体和心理的成熟与蜕变。

曾经，我以为结婚生子是水到渠成的事情，但我和张导结婚时，已经不算太年轻了，尽管我们双方都调试到最佳状态，静候小生命的到来，可迟迟没有收到好消息。

备孕这几年经历的波折、痛苦，是我人生苦难中分量极

重的一角，可当这些痛苦升华成为生命的课程，也成为我生命过程中不可或缺的一角了。

备孕之初，我寻医访药，看遍了所有的名医，遵照医嘱日日按时往肚子里灌苦汤药，喝药喝到想死的心都有了，仍然没有任何成效，只落得失望满怀，心急如焚；紧接着，我把希望寄托于高科技，漂洋过海去了美国，在号称美国最好的试管婴儿医院接受了手术。

我还清晰地记得，那天我躺在冰冷的医疗器械上，内心惶惑不安，还夹杂着深深的期待。手术过程中，我一直在心里默默祈祷，祈祷着我的孩子能够在这个带着高科技光环的医院中孕育成功，祈祷着取卵的过程不要如传说中那样痛苦，祈祷上天的眷顾……

我在那里一共取了两次卵，每次都要取出三十几颗，而且两次手术只相差不到半年的时间，给我带来的痛苦是前所未有的，比所有人说过的情况都更为严重！

第二次手术后，我立即晕厥过去，上吐下泻，还水肿得整夜无法呼吸，痛苦不堪。医生安慰我，说我产卵能力强，还夸我虽然已经三十几岁，却有着二十来岁人的身体素质。

不得不说，医生的夸奖和期待给了我鼓励和信心，但我们依然经历了失望。那段时间，我反复地在尝试和失败中度过，承受着每天打针的痛苦，因每天注射油性黄体酮和孕酮，屁股肿得没处再能扎针。为了安胎，需要每天静卧，在床上平躺数月。

但更痛苦的是，经过两年多的尝试，每次希望都落空了。那种每日承受巨大痛苦，战战兢兢地度日，那种期待后的失落，给心灵带来了无法言说的绝望与创伤。

毫不夸张地说，那段时间，我的心就像泡在了苦水里，煎熬在油锅中……

每次失败，我都需要很长时间调整自己消沉的心情，而每一个下一次，又都心存侥幸，期待老天能眷顾自己，然而最终上天给我的，都是冰冷的打击！

在这一番番痛苦之后，在这一次次质疑和沉思之后，一个声音在我心中响起：放下吧！放下执念，放下迫不及待的渴望。

渐渐地，我对生孩子这件事也逐渐淡然了：人生许多事，原就有其中机缘，命运的安排自有其道理。

出人意料的是，在我真的放下备孕的执念后，我竟然毫无预感地怀孕了！

也许是期待太久，猛然收到好消息，我一时有些回不过神，想象中的激动和热泪盈眶并没有发生，反而整个人异常淡定。我也没有像之前那样小心翼翼、整天静卧在床，而我肚子里的小生命却也格外顽强，在怀孕最初的那段时间，我甚至一直不停地东奔西跑，奔波折腾，可这些折腾，并未让小家伙的生命力减少分毫。

直到我已经有了呕吐的妊娠反应，才知道自己怀孕了，而那时已经是怀孕的第五十天。

看来，若是机缘成熟，老天赏赐给你的礼物就是这么顽强，不会因为你生活的折腾或种种原因轻易失去。

生命中的一切都有已安排好的轨迹，若是时机不到，无论如何刻意追求或努力都无济于事，而时机到了，一切都发生得那么自然而然，毫不费力！

你若静候美好，幸福不期而至。

有时候，我们失望和苦恼于愿望落空，不明白为什么想要的明天迟迟不来，可能不是你不够努力，只是时机未到吧。你也不必懊恼沮丧，或者因此怀疑自己，只需要静静地等候就好。

静候一朵花开，静候生命绽放，静候人生机缘，静候时机成熟……

在我的生命历程里，几次重要的人生节点都是在我毫无准备、没有任何目标刻意追逐的时候降临的。

留学、结婚、生子……这几件人生大事，都是在我努力安排的时候，怎么也无法如意圆满，如何求也求不得，而每次我放下追逐，让自己安于生命的长河之中，幸福就不经意的降临。

也许我们每一个人都不必跟命运较劲，都不必焦虑或惶恐，因为老天已为我们安排好一切。我们所需要做的，就是努力地活好当下的自己，关注眼前，其他该来的自然会来。

就像我的第一个孩子，他来得如此突然，在我全然灰心以后，冷不防地带给我快乐。

我当时三十六岁，已经算是大龄孕妇，前期又为备孕吃了那么多苦头，我以为自己很难孕育出健康的宝宝，但一关关检查下来，每一项指标都完全正常合格。

这不能不谓之惊喜。

我把它当成命运给我的馈赠，满心欢喜和珍视，哪怕它也带给我无数的折磨。

还记得，我从怀孕第五十天开始出现孕吐反应，一直到怀孕第四个半月症状才基本减退。严重的时候，我二十四小时日日夜夜、每分每秒都难受得想吐，必须要靠吃有刺激性的酸辣爽口的东西来调适。当时，我的嘴巴和胃一时都不能空，只要没吃东西就想吐，这甚至一度让我怀疑：难道是怀了“猪宝宝”的原因？

从第七个月以后，我又进入了另一种妊娠反应：腰疼，胃胀吃不下食物，吃一点儿就撑得坐不住。还是两个字：难受！时间越长，我的身体逐渐不太能够负担，体力不够，坐一坐、走一走就感觉累……

但身体上一切的变化与不适，都无法消弭孩子带来的喜悦。从第一次B超听到他强而有力的心跳，我就喜极而泣，那是生命的声音，是我第一次真切地听到他感受到他的存在，我整个人都沉浸在为人母的幸福与欣慰中。后来，他慢慢长出脑袋、四肢，慢慢蜕变得越来越完整健全，再后来我能清楚地看到他的性别，以及他在肚子里的姿势……

我现在都还记得那种心情，看着胎儿一会儿盘腿坐着，一会儿把脚趾或手指塞到嘴巴里，一会儿托腮……我真是感动且幸福极了，一个小生命就这样在我的肚子里安然地玩耍着。我在心里默默地说：这是上天送给我的缘分，他来人世一遭，成为我的孩子，是冥冥中注定的，我一定要好好爱他。

父母和孩子真是前世结下的缘，缘分未到，不可强求；缘分来了，好好珍惜。亲爱的宝贝，感谢你选择了妈妈，感谢你的到来，感谢你在我的肚子里平安活泼地成长。

2. 尽量母乳喂养吧

是母乳好还是奶粉好？孩子多大以后可以断奶？每个妈妈都一定要母乳喂养吗……关于母乳的话题，一直是准妈妈们忧心的焦点，也是大众吵得不可开交的话题。那么，母乳真的比奶粉好吗？

站在我个人的角度，我是赞成母乳喂养的。

在宝宝出生前，连接母亲和孩子的纽带是脐带；在宝宝呱呱坠地后，连接母亲与孩子身心情感的通道，就是乳房！

母乳，是让孩子在身体和心灵上仍然与母亲保持连接的重要纽带，哺乳对于孩子成长的意义，绝不仅在于供给营养。而我是一个固执的母亲，顽固地守护着与孩子连接的通道。

所以，从嘟宝出生到现在，我一直坚持母乳亲喂，也一直坚持夜里带着他睡觉。即便在月子里我身体最虚弱的时候，也不放弃对嘟宝时刻的亲近，一直陪着他睡。因为我要在嘟宝哼唧着要奶吃的时候，及时送上他最爱的“饭锅”。

有过相似经历的朋友应该能够体会，时刻坚持母乳亲喂，是一件很艰难的事情。我不仅要面对“月子里太过劳累对身体不好”的担忧，更要在处理好无穷尽的琐碎事务的同时照顾好宝宝，守护好降临在我身边的小生命。

很多朋友见我劳累，劝我一定要把宝宝交给阿姨陪睡，一定要保障好自己的休息、养好自己的身体。这当然有道理，可一个母亲最关心的始终是自己的孩子。大家都是为我好，可我要为宝宝好，这是出于本能的母爱，我愿意将生命的能量供给他。

也有那些所谓“专业”的育儿嫂不断劝说我：要让宝宝断夜奶，让孩子养成一定饮食规律，三小时或四小时吃一次。他们还拿出了看似科学可行的方案，要断夜奶，就得在孩子要吃奶、要哭的时候，刻意不及时地回应他，锻炼他的耐受力，不要一哭就抱，或者晚上最后一顿一定要多喂……这些建议听上去很有道理，实则根本经不起推敲：即便是成年人，也没有饿了不加餐的道理，更没有饿习惯了从而提升耐受力的荒唐说法。宝宝很聪明，他们的身体知道自己到底要吃多少；他们虽然还小，可不意味着没有记忆和感受。宝宝对于世界的依赖都在母亲身上，我怎么能够忍心不第一时间回应，并满足他的需求呢？

所以这些“专业建议”，我一概没有听从。我还是执意地第一时间回应宝宝，第一时间满足他，第一时间抱他、安抚他：从出生到现在，嘟宝的每一个夜晚都躺在爸爸妈妈中间，只要哼唧一声，我就第一时间搂到怀里来喂他。

我想要告诉各位妈妈的是：这些所谓的建议，或许科学，或许对一些孩子有效，也或许能够帮家长省事。但每个孩子的情况都是不同的，不可一概而论，家长们一定要根据自己家的实际情况来判断，选择具有针对性的育儿方法。

以我自己来说，我的心理学知识、我的学识背景和人生际遇都告诉我：父母无条件地及时满足婴儿的一切需求，是孩子一生安全感和人格性情健康的坚实基础。

尤其生命之初的哺乳，是孩子口欲期最重要的需求，也是母子亲情天然维系的最重要纽带。母亲给孩子喂养的，不仅是食物，更是奠基孩子一生的内在安全感！这一环的缺失和不当，可能会给孩子的心理带来难以逆转的缺陷和伤害。

我始终坚持母乳喂养，哪怕有很多月嫂、育儿嫂建议我用吸奶器把奶吸出来再喂给宝宝，让我夜里可以解放出来，不必整夜难安。但我还是拒绝了，因为我深知哺乳的意义，这是母子间生命的连接与互动，在喂奶和吃奶中间，孩子会向最爱的母亲表达自己的情绪，并需要得到母亲的回应、安抚和交流，同时母亲也可以享受到和孩子的无间亲密。

这对于宝宝身心性情的成长发育，都是非常非常重要的一环，不是奶瓶可以替代的。

此外，夜奶也坚决不可硬生生地断掉。漆黑的夜里，孩子听不到也看不见母亲，容易焦虑不安甚至恐惧无助。许多时候，孩子在夜里要寻找的是慰藉和安全感，对他来说，在需要母乳的时候没得到满足，会造成内心崩溃性的恐惧。

想想看，孩子夜里饿了，如果得到的不是及时温暖的拥抱和甘美的乳汁，而是无声无穷的冷寂，那将是多么严酷的打击啊！是啊，这样残忍的训练之后，孩子是变得越来越坚强了，可他的心也开始一点点物化、封闭。

相信很多妈妈跟我一样，愿意不辞辛苦地亲喂宝宝，但或许也有很多妈妈会遭遇与我相同的致命困难，不得已暂时放弃。

作为一名坚决守护母乳的战士，我也遇到了一个最致命的困难和障碍：堵奶。

我曾经堵奶非常严重，乳房就像是两块硬邦邦的大石头，青筋暴起，疼痛不已。小嘟宝使出最大的力气吃奶，却还是吮不通这好似石头一样的乳房。

看着他着急饥饿的样子，我忍受着堵奶的痛苦，痛不欲生。

病急乱投医，在我堵奶的整整四个月里，通乳师几乎天天上门。我遍访有名的“通乳师”，接受了国内外众多通乳师五花八门的“治疗”，甚至接受过“钢丝穿乳”这种不可思议的酷刑治疗。当然，没效果不说，还遭受了各种身体暴力，忍受了常人无法忍受的痛苦。还好，我最后遇到了一位心灵手巧的通乳师，在她看似简单的几下揉捏之后，“化戾气为乳汁”，汩汩流出，嘟嘟侠终于有了充足的口粮。

在这之前，我日夜饱受折磨，有些通乳师还干脆劝我断奶。幸好我靠着母亲本能的爱坚持下来，连那些通乳师都称呼我为“英雄母亲”。

今天我在此分享自己的经历，是希望更多女性朋友能够在哺乳和喂养孩子时少走弯路，少受痛苦，希望姐妹们一定要好好呵护和爱惜自己的乳房，给它们最好的养护！

我一直不忍心看着孩子从我温暖的子宫出来却捧着冰冷的奶瓶，对着一个仿造的乳头吮吸，我很庆幸自己的固执，很庆幸一直坚持亲喂，一直不辞劳苦地享受着亲自哺乳、日夜陪伴、有求必应，这才有了今天健康活泼的嘟嘟侠。

母乳亲喂，不仅是给孩子的身体供应能量，更是给孩子的心理发育、感情发展、性情培养、人格养成等各方面供应能量。我们现在的付出和给予，虽然辛苦，却能让我们的宝贝一生受益。

我拥着宝宝给他喂奶，感受到与他浑然一体的欢喜，也深深感受到哺养是双向的：妈妈供给宝宝的是身心的滋养，宝宝供给妈妈的，却是生命的喜悦与安稳。这股能量直达母亲的内心，在日复一日毫不懈怠的哺养中疗愈母亲的内心，完整母亲的生命！

3. 分离焦虑不仅仅是孩子有

儿童的分离焦虑，是指当孩子们与父母或者主要照顾者分开的时候所表现出的焦虑情绪，这在婴儿以及幼儿期普遍存在。

在此之前，分离焦虑对我而言，只是一个不算熟悉的概念。但是，随着嘟嘟侠越来越大，十七个月大的他昨天迈出了人生的重要一步：上幼儿园托班。

嘟嘟侠从出生到现在，虽然周游过各地、经历过不少大场面，却一直没有离开过爸爸妈妈，现在就要去独立面对外面的世界了。

托班小朋友都是两岁以上，最小的也比嘟嘟侠大好几个月，明显要比他老练许多。一时间，我们和孩子都有些小小的焦虑。

从孩子成长的角度来说，最好不要让孩子们感受到分离焦虑。

孩子的安全感是幼年父母充足的陪伴累积起来的，如果父母为了省事方便，经常在孩子很小的时候与之分离，会造成孩子安全感缺失。

我在养育孩子的过程中非常注重这一点，无论去什么场合、见什么人，我都会带上孩子。没有任何场合是孩子不能出现的。

其实无论什么场合，只要父母在身边，孩子就是安心的。

这次读幼儿园，我和嘟宝不得已要分离，但我也给他创造了一个过渡期。比如我跟老师和学校商量，先让阿姨陪着，再慢慢过渡到孩子能完全独立地上幼儿园。因为不能突然间断掉孩子与父母的联系，这对孩子而言，会造成很大的焦虑。

如果在两三岁前，父母给予孩子的陪伴是充分的，孩子的安全感是坚实的，再入园出现分离焦虑的可能就比较小。对任何父母来说，分离焦虑这一问题都不能等孩子要上幼儿园、要与父母分离时才去关注，而应该在孩子生下来之后，在养育的每一天都注意保护和培养孩子的安全感，不要为了省事，就将孩子交给父母和阿姨照看。所有人的陪伴，都比不上父母的陪伴更有助于孩子的安全感。

当然，很多时候，分离焦虑其实是父母对孩子分离的焦虑。如果父母自身的生命不是那么完整，就会将自己的生命价值投射到孩子的身上，一旦孩子离开，父母就会产生很严重的焦虑，而父母的焦虑又会延伸到孩子的身上。

这种状况也是影响孩子成长的，父母过分的关注和依赖，是孩子迈向独立的绊脚石。甚至，父母的不安全感会演变成畸形的控制欲，以爱的名义，让孩子感到窒息。往往这时候，父母就应当进行深入反思，提升自我的人格独立，不要将孩子视为自己的附属品，也不要试图从命令、控制孩子中得到成就感和满足感，只有把自己的内心变得充实丰盈，才不会把缺失投射到孩子的身上。

育儿是要花费很多时间和心力的，还要讲究科学方法，从准备生孩子的时候，父母就必须要学习孩子成长相关的知识，掌握和了解相关的方法；等孩子长大了，身心开始成长，我们更要时刻更新自己的观念和方法，方方面面都不能马虎。

青涩的嘟嘟侠到幼儿园，起初一点儿不生分，与大家一起玩耍，但很快也暴露了一些问题：他在家里，父母和哥哥都让着他，几乎是想做什么就做什么，可到了幼儿园，其他小朋友不会这么迁就他，他很快就感受到了落差。那天，嘟嘟侠想要去骑一辆蓝色的小车，可他迈着胖乎乎的小腿刚跑到车子旁，车子就被别的哥哥、姐姐抢先骑走了。他站在原地不知所措又渴望地望着小车，露出了失落的神色。

因为小侠侠是第一天来幼儿园，老师注意到他的状态，便劝导其他小朋友照顾一下嘟嘟侠，把小车让给他玩一会儿。但那个小朋友坚定地拒绝了，嘟嘟侠只能满怀失望。

说实话，看着嘟嘟侠渴望而不得的模样，做母亲本能的心理是不舍得，希望满足他的需求，但我还是强忍着念头没有介入。因为这是嘟嘟侠人生道路上必须要独立面对的事情，他以后还会面对很多类似的功课，他需要学会用自己的心智和能力去处理社交关系，于是我只在一边静静观望。

还好嘟嘟侠内心强大，虽然没有得到心仪的小车，但也没有明显的情绪波动，转身去找别的玩具。

我松了一口气，为了让孩子迈开独立的第一步，我强忍不舍把他留在学校。不过据说他适应得很快，而且很开心，这可能得益于我们一直以来给予他充足的爱所建立的内心安全感吧。

4. 真正的辣妈，内心也得火辣

大众对辣妈的认知仿佛只停留在外形上，自己打扮得光鲜亮丽，把孩子一抱，仿佛就是一个辣妈。但实际上真正的辣妈不是外在的装扮，而是内在的干练，生完孩子之后，内心仍然有很强大的力量能够给予家人和孩子。

我有一个朋友，在生完孩子之后，仍然玩心很重，身材保持得很好，在生活上主要顾自己，基本不顾孩子，就连喂奶都是在她睡着之后，老公把宝宝抱到她身边去。她确实过得很潇洒，很自由，很让一些人羡慕。她的孩子却因为幼年母爱的缺失，产生了强烈的恋母情结，甚至到病态的地步，需要医生介入。这件事让她悔恨不已。

什么才是真正的辣妈？只是身材的塑形吗？我想，除此之外还应该有内心的调整。

生孩子的确是女人的蜕变，每个女人都不愿退化成黄脸婆，而渴望着晋级辣妈。但辣妈绝不在于生完娃之后一副潮流打扮示人，更不在于光鲜亮丽地抱着孩子摆造型。

辣妈是一种生命的英姿，一种生活智慧，是面对万千琐事的干练与爽利，是面对家人、孩子的耐心与付出。辣妈也是一种平衡，其内在是用自己生命的美好滋养出家庭的美好，让家人都受益于自己。

现在的妈妈们都太时髦，再也不像从前那样，有了孩子就素面朝天，每日累得灰头土脸。她们个个热衷于打扮自己，依然像婚前那样喜欢时尚、追星和购物，很多人看起来依然很年轻靓丽。

这当然是一种好趋势，比起长辈们那种操劳，这才是爱自己的表现。以前大家都要求女性把孩子当成生活的重心，但现在她们都知道花更多精力在自己身上，没有因为做了母亲就忘记修饰自身，这是女性意识的觉醒。

但不可否认的是，这种追求又催生了另外一种错误的倾向，就是只有年轻、漂亮、时尚才算辣妈。现在网络上的容貌焦虑太严重了，导致很多女性都过分地专注于身材和外形。其实想想看，一个身材有型，但大脑空空的美女，真的算得上辣妈吗？

我曾经在商场见过一位衣着光鲜的漂亮妈妈，带着一个同样打扮得漂漂亮亮的小姑娘。母女俩穿着同款裙子，烫着同款卷发，非常亮眼，一下子就吸引了很多人的目光。万万没想到，这对母女相处得似乎并不愉快，下电梯的时候，小姑娘没站好，摔了一个跟头，把白色的长筒袜弄破了。面对女儿求助的哭泣，这位妈妈不仅没有一点儿心疼和着急，反而指着女儿生气地说："笨死你了，走路都走不好，你说你还能干点儿什么？"

这位妈妈让我印象深刻。她算辣妈吗？当然，打扮时尚，身材傲人。但她的内心如此空洞，连怎么爱自己的孩子都不懂，嫌弃孩子给她丢了脸。可脸面有孩子重要吗？她只会在物质上满足孩子，把孩子打扮得漂漂亮亮，当成作秀的工具，然后带到大家面前，收获各种赞美，就像对待一个名牌包包或珠宝首饰。

如果这位妈妈在网上晒出照片，大概也会招来众人的赞扬，"好一位时尚辣妈呀！"但谁能体会到那位小姑娘的感受呢？谁能知道这背后的故事。

我又想到一个表现截然相反的妈妈。

小时候，我去亲戚家做客，很多小孩儿聚在一起玩闹，大家都穿着新衣服，大人们叮嘱："小心点啊，不要把衣服弄脏了。"那时候买新衣服不像现在这么随便，只有在节假日的时候才穿出门，大人们都会教导小孩子爱惜衣裳。

我记得很清楚，那天有一个小朋友穿着一件蕾丝裙，在当时价格不便宜，好几个孩子都羡慕她，吵着要买。我们追逐嬉闹的时候，她不小心被绊倒了，裙子勾在家具上，扯开了好大一道口子。她立刻大哭起来，既心疼又害怕。她的妈妈闻声跑过来，二话不说，抱起来安慰，查看她有没有受伤，丝毫没有责备。

连别的家长都忍不住可惜地说："这么好看的裙子，你怎么不小心一点儿呢？"她的妈妈却没有责怪，反而安慰她说："衣服坏了就坏了，妈妈回家给你补一下。"

那个妈妈虽然相貌普通，打扮得也并不招摇，但我一直记得她，我觉得她特别特别美。

我想，每个妈妈要追求的，不仅是好看的皮囊，还应该是饱满而有爱的灵魂。

5. 妈妈爱美没坏处

朱光潜先生说，爱美是人类的天性，凡是天性中所固有的必须趁适当时机去培养，否则像花草不及时下种、不及时培植一样，就会凋残萎谢。

我们女人在爱美这件事上，更是有着一生都不应放弃的追求。

爱美，可说是女人的天性，是女性生命绽放不可或缺的重要源泉。

那么，究竟什么才算作真正的美呢？浓妆艳抹吗？珠光宝气吗？轻盈娇嫩的身姿吗？还是深邃立体的五官？

美的元素有太多太多，一一去追求，往往让人容易迷失，顾此失彼，不知所措。

外表之美，是第一层次的美，虽然谈不上肤浅，却也与深刻全然无关。

真正追求美丽，从灵魂深处绽放美的女人，在外表之下，必然有一颗比外表更迷人的心。

何谓迷人的心？我认为首先是充满仁爱和慈悲，具备真善美，连眼睛中都有柔和纯正的光。美丽与美德相互牵系，共同构成一个人的魅力。

儒家有一句言简意赅又深刻的话：“温柔敦厚，诗教也。”

诗教就是美育。

那么怎样培养一个人的美感呢？

所有对美的追求，都可以称为艺术追求。林语堂曾经说，一切艺术的问题都是韵律问题。所以，要弄懂美，我们必须去追寻中国人的韵律和艺术灵感的来源。

西方艺术总是从女性人体来寻求最理想、最完美的韵律，把女性当作灵感的来源。而中国的艺术则通常满足于赏玩一只蜻蜓、一只青蛙或一块嶙峋的怪石。

由此看来，西方艺术的精神较为耽于声色，较为热情，充满艺术家的自我；而中国艺术的精神则较为高雅，较为含蓄，和谐而自然。

在女性审美上，东西方同样存在这样的差异：东方女性尤其是中国女性所追求的美丽，必然离不开含蓄、优雅和韵律，离不开中华文明根基深处最深层次的精神内核。

民国著名闺秀张充和正是如此，她琴棋书画诗词歌赋，无所不精，且丝毫不因自己博学多才而生出傲气。她的美，一直延续到生命的最后一刻。她美丽的灵魂，亦是流芳后世，称得上是心有静气，一生从容。

如今我们追求美，也应该不断地学习摸索，去靠近文化深处那些与美有关的艺术。不论是文学，还是音乐、绘画，甚至不必精通，只需要用心去触碰、去感受，就能让你在活出东方女人所特有的韵律与美感的路上，走得更远，清芬远溢。

纵观孩子的成长历程，美育实在太重要了。

席慕蓉曾说："如果一个孩子在他的生活里没接触过大自然，譬如摸过树的皮、踩过干而脆的落叶，就没办法教他美术。因为，他没第一手接触过美。"

的确，一切的美，都在大自然之中，唯有亲近自然、拥抱自然，像孩子回到母亲的怀抱一般，对自然充满依恋与信任的时候，才能真正达到天人合一的境界。

自然是我们最好的老师，而母亲是孩子最早的启蒙老师。幼年时期，孩童的模仿天性最强，母亲的一言一行、一举一动都影响孩子后期思想观念与人格品质的形成。所以，爱美的妈妈，才能培养出孩子的艺术天赋。

你心中有了美，外在就会表现出美；你有了温柔的笑靥，充满了对自然的敬畏与热爱，有了纯净如水的目光，自然也会在无形中影响孩子。

6. 美育，让你的孩子充满魅力

茶圣千利休死前说了一句话：只有美好事物，才能让我低头。用美好抵抗浮躁。撬起你的艺术细胞，世界瞬间美好起来。

美育的重要正在于此——唤醒我们内心对美的天赋和追求。

很多艺术家都是在幼年时综合素质得到良好的拓展，包括读书的能力、热爱知识的激情、道德行为的准则和端庄的形象、良好的谈吐举止、丰富饱满的人文情怀。

如果我们把目光投射到世界，观察其他国家的国民文化，我们会发现，在很多发达国家，好像人人都是艺术家。他们随便做点儿什么在我们看来都是艺术，最重要的是，这种艺术气质反映在每个人的工作中，表现出一种丰富的创造力。

小到一只造型漂亮的铅笔、一款线条优美的桌子、一款图案不俗的领带、一把漂亮的雨伞、一曲不刺耳的手机铃声；大到一座美丽的博物馆、一个地标式的建筑和广场、一场不让人感觉媚俗的春晚节目，哪个环节都离不开创造性和审美意识的先进。

而这种美感的获得，一定是从小时候开始的，让五官的感觉得到色彩、声音、形状和空间的充分训练。

建筑界、影视界、服装业、音乐界、舞蹈界、工业设计或艺术界都急需这样的人才。我们的社会需要有消费艺术和文化的眼睛和耳朵，我们的学校需要加强美育。过去几十年的忽略，让中国俨然成了一个“美盲”的世界，大多数人对刺耳的声音、刺目的颜色、不雅的建筑、不合主题的概念或不合逻辑的设计毫无感觉。

正如圣艾修伯里在《人类的大地》中所说，“在我们每个人身上，多多少少都有一个夭折的莫扎特。”然而，成长的过程却是一个缺失和封闭的过程，当我们从孩子变成大人，“作为你身体的黏土已经变得又干又硬，什么也不能唤醒沉睡在你身上的音乐家或先前曾栖居在你身上的诗人或天文学家了。”

我一直追求美好，与母亲的影响也分不开。虽然家中父母关系不甚和美，但母亲是一个非常热爱美的人。在我的印象中，她总是在收拾自己，把自己打扮得漂漂亮亮的；或者侍弄花草，把家庭布置得温馨。这在我的童年里是珍贵难得的记忆，于是在我的人生中，也不断在追求美。

我的朋友娜娜是个特别追求美、热爱美，也懂得审美的女人。她特别善良，发自内心地热爱一切美。在她的影响之下，女儿也成长为一个非常懂得审美的、善良的人。

那么，怎样培养孩子的美感呢?

最好的教育，永远是父母给予孩子的言传身教；是家庭给予孩子润物无声的精神营养、文化养分、眼光视角、心胸格局、品性性情，是父母每时每刻的滋养。

在我看来，热爱美好的人一定要养成三样法宝：发现美的眼睛，创造美的双手和生发美的心灵。有了这三样，再加上每日里修持警醒，时刻保持美的样貌姿态，让身处其中的每个时空都成为一幅如画的景致，便可成为美的化身，时时将美带给周围的人。

而在美好环绕的氛围之中，给予孩子全然的陪伴，陪着他们自由地探索、自由地表达、自由地发展天性，以此不断滋养孩子们成长，就是我认为最好的教育。

以我家为例。

鲜花、茶盏、香器、书籍、朗诵经典的琅琅书声……这一切充溢在家中，自然而然成了孩子们幼年最初始的记忆。我有意识地为他们创造经典环绕在身边的氛围，他们也习惯于且乐于在这样的环境中就地取材，自得其乐。

若依庸常的观点看来，经典书籍多无趣啊，古人高风雅致又是多么枯燥，活泼好动的小孩子怎么会喜欢呢？这么小的年纪就要读书，是不是太苦了？其实不然，在我的家里，因为从小的习惯和养成，孩子们觉得书籍是一样父母都喜欢的、好玩的玩具，会从中得到快乐，他们很乐意与书籍相伴。

当我坚持通过插花、阅读来营造艺术氛围，这一切都让孩子们充满了好奇与热爱：嘟嘟侠和帅马丁会学着我的样子，拿着书籍翻阅玩耍，举起花器、茶器把玩。一岁刚出头的嘟嘟侠甚至经常会把我焚香的所有器具都一样不落地找给我，让我焚香，然后自己坐在香前小心翼翼地品味，不去碰香火和香粉。他很敏感的内心竟然清楚：这些美好的器皿不能乱扔、乱摔。

家庭老师会带着嘟嘟侠读经典，虽然他还读不下来，但早已习惯了这种声音，会跟随着抑扬顿挫的音律摇头晃脑，甚至翩翩起舞。哪怕是我们成年人听来，经典书籍的朗读声也同样是一种动听的韵律，是一种涵养心性的能量。

我爱插花，家中鲜花不断，现在家里孩子们都很喜欢花，他们会闻花的香气，欣赏不同花的姿态；也会帮我拿花器，示意我把花插起来。我还常常带着孩子们翻看书画字帖这些别样的“绘本”，他们看得津津有味，还会在我需要打坐的时候，帮我找蒲团。

我一直重视传统文化节日，也喜欢动手张罗各种节日庆祝，孩子们看着我怎么摆放、怎么陈列和布置，有时还要参与给予意见：这就是在培养他们审美的眼睛，给他们审美的熏陶!

在这种日常生活的教养中，孩子们真正学到实质性的内容是一个方面，对生命的滋养是另一个方面，也是其中最重要的方面。生命教育中，最不能忽视的就是美育。而美育，是这样经年累月不断熏陶、不断身体力行之后的成果。

其实，孩子是天生的艺术家，而母亲是他们感受美的第一个对象。美的眼神、美的形象、美的姿态，让身边一切变美的能力……时刻保持着美，生成着美，活得美，孩子是最能感知到的，他们本能地亲近美好。拥有一个美好的妈妈，是孩子们无比自豪的事，对孩子们的自信和成长意义重大!

所以啊，作为家中的女主人，作为妻子，作为母亲，永远要以发现美的眼睛、创造美的双手、生发美的心灵，将勤劳自律投入在生活的方方面面、各个角落，让每个姿态、每一场景都充满着美，给孩子们日积月累的熏陶和美育。

7. 杜甫有家教

仔细翻阅杜甫家训，不仅感喟，还心有戚戚。

杜甫得后世千秋赞誉：“世上疮痍，诗中圣哲；民间疾苦，笔底波澜。”世人都知道他擅写诗文，殊不知，他也是一位杰出的教育家，在育儿方面很有心得。

身为杜氏女儿，颇有几分惭愧，我既不能像先祖那样如椽巨笔，写出不朽诗篇；也未曾心怀苍生，造福民众。好在，我虽然不能“治国平天下”，但尚且能在“修身齐家”这方面努力，管好自己的家庭。

家风家教，是最宝贵的传承。

一个家族，但凡有所成就又能常保兴旺，必定有良好的家风家教。它凝聚着先祖一生的智慧积累和代代相传的远见卓识，成为后代的养分，在子孙困惑时指明方向；在子孙得意时，给以警醒。

而我们，也要用生活中点点滴滴的积累，延续家风，传承家教，为我们的子孙再创良好的传统。

提到家风家教，我最先阅读的是南怀瑾大师的作品，一方面是因为南怀瑾大师春风化雨的教诲和大海般深邃的思想，另一方面则是因为现代文阅读起来更顺畅。

越读书，我越是确信自己在做一件正确的事。

“以浩荡侠骨树清正家风，以诗酒花茶养身心性情，以传统侠文化和传统美学涵养人格、滋养家庭生活，培养真善仁爱并正气浩然之家风，情义为先、信义担当、仁义处世，修身齐家。”这正是我想树立的家风，也是我愿意倡导的家庭文化。

齐家治国之担当，落到每一个家庭上，其根本便在于善教儿女。若有贤妻贤母在内，顺应天理人情，帮助丈夫，教养子女，人丁之贤能，家族之兴旺，乃至国家之兴盛，便可指望！

家教对孩子一生的影响才是根本性的。虽然我家的孩子现在都还小，但依然能够看到父亲光明积极的人格和侠义磊落的性情带给他们的影响。他们很有安全感，充满了快乐。

我不是一个焦虑的家长，我是一个“佛系”家长。我觉得给予孩子们充足的爱、陪伴和尊重，让孩子们去发展自己的天性，他们会充满了安全感、有充足的自信，同时也会有很强的幸福感。他们将来能够选择自己热爱的事业，心无旁骛地坚持，就一定能够闯荡出自己的一片天地，取得人生的成就。

孩子的路需要他们自己走，但我对他们充满了信心。

家教对于孩子一生的影响，更多的不是知识，而是充分的爱、信任、支持和陪伴。父母要给予孩子们选择的自由，允许他们按照自身的天性去发展。

家教家训的核心，一定是父母身上具有的品质。孩子是最聪敏的，也是最敏感的，只有父母言传身教，才真正能传递到他们的身心言行中。我们家的家教就是侠义精神：道义、正义、信义、情义、感恩。这些优秀品质都出自张导，然后在日常生活中慢慢感染几个孩子。

我们深信，从小就要给孩子们一种大山大水、大江大河的气魄，让他们感受到大格局、大气派。不要如某些家长一样，在鸡毛蒜皮、家长里短的算计中消耗生命的热情，陷入琐碎的得失计较中，让孩子学得鼠目寸光。

8. 多胎家庭如何平衡父母的爱?

有了小花仙以后，我对如何处理亲子关系有了更深的感悟。

首先，父母更关爱年纪最小的孩子，这并不是有意识的偏袒，事实上，很多时候他们可能没有察觉到，自己对两个孩子的态度是不同的。

新出生的婴儿，那么脆弱又那么可爱，它确实需要父母给予更多关注。以我自己为例，生下小花仙以后，我全部心思都系在她身上，并不是偏爱，而是觉得她更需要呵护。

一个月的辰光，小花仙已经长大了一圈，体重足足增加了一半，黑发如漆，眼眸如星。胖乎乎的手指总指挥着我给她喂奶，可爱极了！

仿佛就是在刚刚，我才历尽千辛万苦把小花仙生育出来；仿佛就是在刚刚，她才从我的体内来到我的怀里。我捧着她，所有拼尽全力、地动山摇的泼天疼痛，都在触碰到那暖暖滑滑、软软娇娇的小身体时化作一股温柔的暖流，从我的心底溢出，流遍我的身心！我激动到小心翼翼地抱着她、护着她，任她生命的气息芬芳了我的整个世界！

小花仙的到来，让我们整个家成了真正的花境。无论外界有什么喧闹烦扰，都无法搅扰家中芬芳弥漫的气氛；家中每一个人，都全然沉浸在小花仙带来的甜美心境中……

怀着小花仙带来的甜美喜悦，我又一次开始了每天喂养宝贝女儿的母爱旅程。

这次生产，命运对我的乳房也温柔了许多，除了最初几天的涨奶期和前十天的乳头皴裂疼痛，一切基本顺利，这次没有遭受生产嘟嘟侠后长达四个月的严重堵奶和痛不欲生的撕裂痛感。

当然，一朝身为母亲，也就拥有了无边欢喜之源。一个小天使已然无比美好，拥有三个小天使呢？这就拥有了美好的三次方！

每个孩子都需要父母全部的关注和爱。其实，二胎并不是问题，关键在于要让孩子们彼此关爱，都感受到自己是被爱的，不能因为有了小宝宝，而让大宝宝感受到失落。

我幼年时，因为原生家庭非常重男轻女，简单粗暴地处理我跟弟弟的关系：一切以弟弟为主，所有事情都让着弟弟，导致我的很多感受被忽略了。所以我尤其注意，有了小宝宝之后，也时刻关注到其他孩子的感受，用一些方法让他们彼此喜欢。

在小宝到来之前，我就让大宝有了心理准备，告诉他们会有一个弟弟或妹妹要来家里，并且用语言暗示，让孩子对弟弟或妹妹产生期待。比如我怀小花的时候，会跟孩子们说：你喜欢小妹妹呀？有个小宝宝在妈妈肚子里，以后你们会一起玩。你们会是最亲密的人，你们会是一起成长的伙伴和朋友。

通过这种语言来输入心理暗示，可以让孩子彼此喜欢，而不是彼此排斥。所以，在小花仙出生前，家里两个男孩儿丝毫没有被“分宠”的威胁，而是满心是爱地期待着妹妹的到来。

在小宝宝生下来以后，我也会注意引导孩子们形成良好的关系。比如，我会抱着妹妹对哥哥们说：妹妹可不可爱啊？她是小妹妹哦，你是大哥哥哦，哥哥要保护妹妹哦，妹妹喜欢哥哥哦。这种童言童语，能够引导两个孩子进入哥哥的角色，让他们从小宝宝的到来中感受到一种自我价值感。

值得一提的是，我认为引导宝宝们之间进行身体的亲密接触很重要，这样能让每个宝宝都感受到父母的爱。宝宝们都是很善良的，也是很直观的，他们的爱会用行动去表达。虽然小花仙还小，哥哥们提出要摸妹妹，我也会有些紧张，怕他们力道掌握不好弄疼她。但我会引导他们温柔地亲近妹妹，我会说：哥哥喜欢妹妹啊，哥哥想摸摸妹妹。妹妹也喜欢哥哥，妹妹需要哥哥轻轻地摸妹妹。

阿姨建议我不让哥哥们来摸妹妹，但我从没有拒绝过哥哥们的请求。因为拒绝会让哥哥们产生心理上的排斥，他们会感觉：怎么为了保护妹妹就不爱我了呢？所以每次哥哥们要亲近妹妹，我都只是在旁边做保护。有时候哥哥们用力大了，弄疼妹妹，我也会注意用充满爱的口吻来提醒他们，我会说：哥哥弄疼妹妹了，妹妹好可怜哦，哥哥轻轻……无论多着急，我都会用一种让他们感受到爱的口吻来表达。

当哥哥们发自内心地爱妹妹，发现妹妹的到来给我们带来更多欢乐，也就不存在安抚情绪的问题了。

我家的小天使们清明灵秀，纯真暖心。小花仙降临在我家时，家中已经有了两位哥哥：一位刚满六岁的大哥哥，已然懂事，可以与父母畅言交流了；一位一岁半的小哥哥，与小花仙同样嗷嗷待哺。

两位哥哥与一个妹妹一同成长，这又是何等的美事乐事！

然而作为母亲的我，却还怀着些许担忧。大儿子还好，已经有了迎接嘟嘟侠的经验，而且也开始明白事理了；但小儿子嘟嘟侠还是个懵懂的小宝宝，他依旧渴望着爸爸妈妈全然的关注。我该如何跟他介绍这位妹妹？嘟嘟侠会不会因为妹妹占用了爸爸妈妈的注意力而失落呢？

每次把小花仙放到怀里喂奶，我心中都怀着忐忑，生怕会让嘟嘟侠感到不适和失落。让我们赞叹的是，嘟嘟侠虽然年纪小，却颇具侠义风范，是个厚道的哥哥！当我第一次怀抱着另一个婴儿走到嘟嘟侠面前时，他流露出吃惊、失落和忧郁的情绪，但没想到第二天他就接受了妹妹，用满是爱的温暖的声音嗲嗲地叫着：妹妹，妹妹！

一岁半的小侠侠手劲特别猛，但他每一次触摸妹妹都会非常小心，非常轻，因爱惜而小心翼翼的样子真让人忍俊不禁。这就是奇妙的爱吧！

每每小花仙躺在我的怀里喝奶，嘟嘟侠都会在一旁奶声奶气地念着：奶奶，奶奶。

他一定回想起了自己躺在我怀里吃奶的幸福！幸好我的奶还算多，我会吸出一瓶给嘟嘟侠，让他躺在旁边一起喝奶。非双胞胎的哥哥妹妹一起喝奶，是非一般的暖心感动，此刻的他想必是既幸福又满足的！

当妹妹躺在妈妈怀里喝奶时，嘟嘟侠特别喜欢紧紧地依偎在妹妹身旁，温暖着妹妹，陪伴着妹妹，与妹妹一同享受着此刻的爱与幸福。我无时无刻不被这样充满温情爱意的场景感动着、温暖着、融化着。

马丁哥哥也特别喜欢弟弟妹妹，每天放学回来，总要第一时间跑来找弟弟妹妹，拥抱和亲吻妹妹。

我躺在三个充满爱的天使中间，完完全全享受着纯净炽热的爱：哥哥弟弟一个个轮流亲吻着妹妹，奶声奶气地叫着“妹妹”，然后开心地绽放出天使般的笑声和笑容……

不管外界发生任何事情，无论风雨雷电，我们的家庭里总是一片爱与祥和，满是温暖和美好！极尽天下最美好的词，都无法形容我心中的幸福和满足。

花开花舞，满室生香，小花仙给家人带来的美好太多太深刻，我们迫不及待地要将喜悦分享给每位亲朋好友。

在马丁的生日之后，尚在月子中的我就着手准备起小花仙的满月花宴！

很多热心的朋友主动请缨，要帮我承办满月宴，但被我委婉谢绝了：极尽万千盛情，才能道出心中欢悦；只有亲力亲为、精心打造一场独一无二、繁盛精致的弥月花宴，才足以与亲友共享孩子降临的欢喜！

于是我一面就地取材，一面网购，四处寻访。一件件美物美器巧思安排，一朵朵芬芳鲜花尽态极妍，一处处布置温柔喜庆……

我夜以继日地构思和设计，最终花两天时间亲手布置，把每一朵花、每一抹色彩都安置妥当，怀着感恩与快乐，怀着对家人、对生命、对人世间的爱，为孩子准备好了宴会，希望这份发自内心的爱能给我们的亲友带来美好！也希望把这份芬芳美好，带给每一个看到这篇文字的人！

9. 把孩子当成老师

“含德之厚，比于赤子。知其雄，守其雌，为天下溪。为天下溪，恒德不离，复归于婴儿。”

古之圣人对于婴孩的赞美，我们已耳熟能详，可是如果不是嘟嘟侠，我不会相信，孩子真的是父母的福报和老师。

我们每个人都是凡俗中人，一旦我们跌入到生活的海洋，便会有一股股海潮不期而至：有多少烦琐的事务要处理？有多少包袱要负担？又会遇到多少心口不一的面孔？遭遇多少汹涌的逆流？而当生命的时空被这样无尽的逼仄充斥，又是什么力量让我们选择充满阳光？

我想，对现阶段的我而言，这股足以支撑生活和生命的力量，就是我的嘟宝。

嘟宝每天都处在一种泰然自若的状态之中，他是真正的不悲不喜、自在喜乐，甚至最近还时常会看到他的坚强勇敢，充满了稳健的力量！

那天大S抱着他时说："我想多抱一会儿，抱着他好治愈啊，把我满满的正能量都唤醒了。"当时，我还没能真正体会这样的感觉，只是以为那就是一个新生命带给她的正常感受。

最近，我真的发现嘟宝非常治愈。他虽然还小，但在对外界的接触、触碰和反馈中，不停展现出属于自己的智慧：他非常擅长于自得其乐，每次有人逗弄他的时候，他都表现得很开心，"咿咿呀呀"的说话，试图和大家交流；但大人自顾自地交谈或者忙着做手头的事，他也不会哇哇大哭，以此来吸引注意或者抗议，而是自己跟自己玩耍，摆弄手头的玩具。如果这时候大人想起他，连忙抱起来，他也不会拒绝，立刻笑嘻嘻地回应。

嘟宝那样淳朴自然，天真无邪，一切任性而发，率性而为，没有丝毫的矫揉造作，向身边所有人散发着他的能量，让每一个与他接触的人都能触及一股油然而生的欢喜。对于养育他的我，更是能从他身上获得支撑我生活的能量。

每当我因生活中的琐事而焦头烂额的时候，只要我看到嘟宝那快乐的样子，我的烦恼都一扫而空：有什么比孩子健康可爱、家人平安喜乐更宝贵的呢？那些忙不完的琐事、做不完的工作，实在不应该成为我情绪的绊脚石，影响我的幸福。我要积极向上、快乐怡然地生活。

因而，只要看到嘟宝，我就会放下手头所有的事去拥抱他。他需要我的拥抱，而我也需要他的拥抱。

当把宝宝抱在怀里或和他一起躺在床上的时候，他柔软的身体、温暖的生命力都会依偎在我的怀中，呼唤着我体内同样温暖舒展且踏实满足的能量。我能感受到他是我身体的一部分，我身体里最柔软珍贵的部分，我知道他是我最好的陪伴。我们的生命相互支持，这是上天多么奇妙的安排。因为嘟宝，我能够去全然感受陪伴、亲密和完整的滋味！

抱着抱着，我的内心就跟随他逐渐平复下来，抱得越久，越能更深地感受到那份触动，直到与他同频呼吸，身心融合……那是最最美妙的状态。那时，我充满幸福和感恩，充满平静和喜乐；那时，我才真正体验到为什么说孩子是上天赐予母亲的生命礼物。

大音希声，大象无形，宝宝是使者，将快乐用生命全然传递给父母。

养育孩子是如此美好，而养育的过程却需要我们时时用心。家庭成员和家庭氛围都会映照到孩子的身上，所谓好的教育，其实就是修炼自己，改善家庭氛围和家庭环境。

不断修炼和提升自己，是一生的功课，并不是孩子到来才开始的。当然，很多人因为孩子到来而开始思考这件事。那么，这就是提升自己和改善家庭的契机：如果我们希望孩子自小快乐成长，不受任何创伤，就必须要在孩子面前时刻注意自己的言谈举止。

在我们家，我即便再生气、再发火，也会注意不当着孩子的面，因为我不希望孩子看到父母愤怒，这对孩子而言，可能会造成负面影响；无论我在做什么，一看到孩子，会立即调整自己的状态，用笑容来面对孩子。因为我想让孩子们看到一个快乐的母亲——我太知道木讷的、严肃的父母会给孩子带来什么不良的影响。

我自小笑容很少，甚至不会笑，这与童年时严肃的家庭氛围有关。但笑容是生命中太美好、太重要的能量了，爱笑能让幸福感满满，也能拉近家人之间的距离，所以我尽量让自己在家中笑容满面。

另外，孩子在场的时候，要注意不能讨论一些不适合孩子接触的议题，给孩子正面的影响。比如，不要在孩子面前抽烟、喝酒、打麻将，不要自己看电视却要求孩子好好学习。反之，父母要以良好的家庭文化氛围，给予孩子持久的熏陶。要知道，孩子都是以父母为榜样的，父母爱看书，孩子也会去看书。

我们家的家庭活动，背诗也好、诗酒花茶也好，都没有脱离中国传统文化。我们是在无形中，以中国传统文化、以美学来涵养孩子们的性情。我们也热爱自然，经常会带着孩子去大自然中走走，这些记忆也都会刻进孩子们的生命印象中，成为影响他们一生的正面力量。

总之，育儿之路，更像一场孩子和父母齐心协力的学习之路，我们相互陪伴，共同成长。

10．好的家教胜过名校

蔡元培曾在《中国人的修养》里写：“家庭者，人生最初之学校也。一生之品性，所谓百变不离其宗者，大抵胚胎于家庭中。”

好的家风，就是孩子最佳的学习环境，比什么名校都管用，家长们与其想办法买学区房、抢升学名额，不如提升自己，潜移默化地影响孩子。

以我自己为例，我是很注意对孩子的引导和示范教育的。

家里的三个孩子，各有各的不同：嘟嘟的笑是暖心的，花花的笑是甜蜜的，马丁的笑是搞怪的……自从有了这三朵欢乐的小浪花，我的心海也欢愉起来。

如今，嘟嘟侠两岁了，小花仙也将近半岁，马丁七岁了。

养育三个孩子的这几年间，我付出的同时，也收获到了前所未有的惊喜与快乐，也在脱胎换骨的成长和蜕变着：嘟嘟那么爱笑，小花也那么爱笑。淡淡微笑、咧嘴假笑、奶声轻笑、哈哈大笑、乐呵呵、欢天喜地、手舞足蹈……孩子的快乐是那么纯粹、那么丰沛、那么有感染力，牵引着我冰封的心渐渐融化，鲜活地跃动，徜徉在不曾感受的快乐中。

在这一过程中，我很注意自己的言谈举止，竭尽所能地给予孩子们爱与关注，生怕给他们留下什么创伤。

比起给孩子们规划一个光明、显赫的未来，我更希望他们活得快乐，所以在日常生活中，我坚信孩子的成长，是需要在自由正气、高雅的环境中滋养的。我们让孩子们全然沉浸在诗酒花茶、书香雅乐中，让孩子接受熏染，却从未要求他们达成什么关键成果。

事实证明，这种家庭的熏陶是有效果的。有一天，还不到两岁的小嘟嘟，突然就给我们唱起儿歌、背起诗歌，整段整段、整首整首地琅琅诵出！我又惊又喜，原来成长就在潜移默化中发生，在某一时刻爆发。

我的孩子，不追求名贵的学校，只寻求有爱的环境

我身边有不少朋友，费尽心思要把孩子送入名校；甚至有的朋友为了孩子去“名校”搬家到上海、深圳，跟随孩子举家搬迁，更加荒唐的是，孩子才上幼儿园而已。

从我的理解来看，家庭教育才是决定一个人品质和发展最根本的因素。学校教育只是教给孩子知识体系、学习方法、思维方法的一种经历，但人生更多的是经其一生去学习。我相信，每个孩子都有自己该走的路，有自己的天赋；父母要做的，是让孩子完整地、没有创伤地长大，给予孩子接触各个领域的机会，给予孩子选择热爱事业的自由。

我们要积极引导、尊重选择，创设让孩子们如同海绵吸水一样去吸收的文化环境，成长为他们天赋所在的样子。

我身边有一些朋友，尤其是富商朋友，他们积累了很多财富，也有了不错的个人成就。但他们非常焦虑孩子的学校教育，在各种幼儿园、学校之间反复比较，在形形色色的排名和衡量标准中反复甄选，直至焦头烂额。有朋友为了上一个广州的幼儿园，举家从杭州搬迁到广州；也有朋友竭尽全力将孩子送到国外留学。

但这些焦虑的家长们培养出的孩子，未必优秀，甚至有的孩子因为家长过分焦虑而出了问题。也有一些家长，并没有逼迫孩子去上名校，而是用心、用爱陪伴孩子，孩子反而成长

得很好，充满了对生活的热爱，懂得自己要去追求什么。

在我们家，我们从没想过送孩子去所谓的名校，上的都是普通的学校。跟哪个学校有缘分，哪个老师能用心给孩子们充足的爱，孩子在哪个学校开心自在，我们便将孩子托付。至于说什么人家的孩子上所谓的名校，学校有多么稀罕、多贵、多有来头，都不是我们考虑的问题。

如果父母都能俯下身来，将双脚放在孩子的鞋子里，静下心来听听孩子们需要什么，或许你会发现，这些俗世里大人的愚妄观念，在孩子面前其实很浅薄。

“我的女儿，健康快乐就好。”这句台词不知打动了多少人，我们也要反思自己是否真的做到了。

我的孩子们，要经常看到太阳，经常在自然中撒欢儿；要经常听到圣贤之言，经常享受父母的温柔拥抱；要心中有爱，一身正气，充满力量，要身心健康！

我们要帮助孩子拓展生命的视野与心胸，至于他们以后的人生，都是他们以后自己要走的路，谁也无法替代。

11. 和孩子一起治愈你的童年

孩子是父母生命的延续，也是上苍给予我们再活一回的机会，让我们得以跟随孩子去修复生命的伤痕和遗憾。

自嘟嘟降生以来，我的第二次生命也开始了：随着这个稚嫩却充满活力的小生命，我收获了满满的欢喜与快乐、祥和与安宁。这九个月来，我全身心地感受着他的目光和气息，感受他如何面对这个爱着他的世界，感受着他对所有人回馈的发自内心的爱。

嘟嘟真是个笑弥勒，无论白昼还是黑夜，只要有人看着他，他就开怀大笑。而每次他笑起来，我就会跟着感受到溢出内心的快乐。我将自己的生命与他的生命浑然融在一起，让他的笑容牵引着我，释放出生命深处被压抑的情绪。

我没有一个快乐的童年，于是成了一个不怎么懂得快乐的人。甚至，我是屏蔽儿时的记忆的，因为那些过往太不快乐，潜意识里选择自我保护，干脆不愿意再记起。

而嘟嘟却天性快乐，让不怎么爱笑也不怎么会笑的我，每天都有机会跟他学习展露开心的笑容。

回想起来，小时候，我的父母几乎每天都会吵架，这让我从小就处于一种深刻的恐惧中，给我留下了心理阴影，使我缺乏安定感。这也令我养成了一种紧张的性情，让我在迄今为止的漫长岁月中，无法以放松的状态来生活。

而父母采取的斥责性教育方式，让我从小在打击中成长，缺乏自信，养成一种自我否定的思维习惯。而且我的父母之间关系并不和美，这也让我在生命初期缺乏温暖，形成了一种对人的不信任感。因为缺乏温暖的父爱，还使我产生了恋父情结，为此，我曾经在亲密关系和感情经历上饱受挫折。

受到原生家庭根本性的影响，我的身心都有所缺失，于是我学习了十几年心理学，试图治愈童年的阴影。如今，我不能说百分之百地改变了自己，但我能够有所觉察，在遇到这些事情的时候能及时调整自己，也在建设家庭的过程中，充分注意到不让孩子经历我曾受到的创伤。

孩子的人格在六岁之前就已经形成了，从我的切身感受和学习经历来看，家庭对孩子的影响，最重要的是夫妻和睦。

夫妻关系是家庭第一关系，夫妻之间是否真心恩爱，小孩儿是最敏感的。如果遇到争吵性的问题，双方也要避开孩子去解决。但是，有的夫妻为了孩子而貌合神离，这对孩子的成长也是不好的。

其次，夫妻对孩子要有充足的爱，在家中创造充满爱和喜乐的氛围，让孩子养成充满幸福感、乐观积极的性格。

再者，父母要给予孩子充分的自由和空间，鼓励和尊重孩子的意愿，让孩子去选择自己真正感兴趣和想做的事情。

看着嘟嘟无忧无虑的样子，我在他的带领下，也重新体验过一次快乐童年的滋味。是的，对于快乐，我是不擅长的，我要向他去学习如何做一个快乐的孩子。

生养孩子，是生命的互相给予。孩子让我们有机会看到过去的自己，有机会去完整自己的生命，是我们借由孩子再度成长。

12. 妈妈的德行，决定孩子的格局

越来越多的证据表明，家庭教育对人的成长有着决定性影响。尤其是母亲，对孩子的影响举足轻重，对家族的发展影响深远。

古代贤母教子的例子数不胜数，要想孩子成为圣贤，那么你必须具有德行和格局。因为母亲是孩子的榜样，只有母亲能够嘉言懿行，孩子才能从母亲身上学会美好的言行。

以圣贤孟子为例，孟子有“贫贱不能移，富贵不能淫，威武不能屈”的操守，有“养浩然之气”的气节追求，这都与孟母的言行教导分不开。

同样的例子有很多：陶侃的母亲甘受贫困，退鱼劝子为官清廉；唐朝郑果的母亲周济穷困亲友，教子自励；秦末王陵的母亲视死如归，教子坚持正义……这些母亲都用自己的言谈

举止影响着孩子，都证明了女人的修养行为，是多么重要！

除了行为举止，母亲的精神境界，如眼界见识、思想灵魂等，也都会对孩子的成长产生不可忽视的影响。

我又要提到我的好友娜娜，她是一个特别温暖的、充满了爱的女性，总能感受到生活的美好。如果要用一个比喻形容她，我想她是一朵会笑的牡丹，充满了绽放的生命力，很美好，很圆满。

娜娜与前夫是重组家庭，她对前夫的孩子比对自己亲生的孩子还好。但她的亲生女儿并没有因此生气，这个小女孩儿在出生后两个月，就失去了亲生父亲，但她仍然成长为一个温暖的、充满了爱的人：她非常爱自己的妈妈，也理解妈妈对那个没有血缘关系的姐姐的照顾。

娜娜和女儿的关系羡煞旁人，两个人如姐妹一般亲密。虽然娜娜并没有让女儿进入什么名校，但女儿的成长发展受到了母亲生命品质的影响，同样快乐自在，充满了爱。

我又想到了历史上的一个例子。

著名思想家顾炎武从小聪颖，常被人夸赞，渐渐滋长了骄傲情绪。养育他的婶母觉察后，追问他《卖柑者言》的深意。婶母想要顾炎武知道学海无涯，不能不求甚解，要深入学习。在婶母这样润物无声的引导下，顾炎武慢慢学会戒骄戒躁，成长为一代大儒。

如果婶母没有学识，便无法适时教育顾炎武，那么如今我们根本不知道顾炎武是何方神圣。

不修身无以齐家，不修炼自己便无法胜任母亲这个角色，也无法承担家族延续和发展的重任。身为女人，无论是言谈举止，气质修养，还是眼光境界，德行学识，都要以身作则。

从古到今，一个母亲的文化水平高低与品行端庄与否，直接影响着她教育孩子的水准，也在很大程度上塑造着孩子的性格与品质，影响孩子一生。

在许多方面，母亲就是孩子的标杆，是孩子的人生参照物。

所以，从今天开始，不再只是用自己的爱去宠爱孩子，为他安排一切，而是要用你自己的言行去示范，要用你自己的智慧去塑造、去充实孩子的人格与心灵，协助孩子开创属于他自己的幸福人生。

13. 没有熊孩子，只有笨家长

没有天生的坏孩子。任何孩子来到这个世界，都如一张白纸，每一份爱的陪伴都会为这张白纸增添美丽的色彩，给孩子的人生打上明亮的底色。

他们单纯地爱着世界，也等待着这个世界对他们的爱。

所以说，每一个孩子都是一座等待挖掘和发现的宝藏，唯有用爱能够开启这座宝藏。每一个孩子也都是独一无二的，这些差异正是孩子最可贵的所在。如果家长和老师以一种省事好带和听话的标准要求孩子，如果陪伴者从利己的角度出发去评判和指责孩子，这些都将是对最纯洁的心灵和最宝贵的天性的一种误解和伤害。

没有生来有问题的孩子，只有错的教育方法和理念，无爱的养育是成长最大的伤害。

我在法国读书时，遇到一位被母亲送到国外读书的姑娘小艺。小艺有一个对她过分关注和溺爱的母亲。因为父母从小离婚，母亲就把所有精力都用在了她身上，懂事的她也把自己变成了母亲的乖乖女。

看上去，小艺的母亲对孩子付出了所有，但实际上，这种母爱已经成为一种以爱为名的控制：她帮小艺规划人生，安排好了所有的事情，也剥夺了小艺独立选择和独立成长的空间。

讽刺的是，当小艺的母亲使尽浑身解数将小艺送到国外读书，被压抑已久的小艺终于获得了自由的空间，却愕然发现，在母亲常年的代劳中，自己早已丧失自主的能力。她无法独立生活，更别谈好好学习，在各种不适应和挫败之下，崩溃了，跟着宿舍里的人逃课、吃喝玩乐、谈恋爱，彻底地放飞自我。几年后，她无法毕业，又被母亲转移到了其他国家；再之后，就没有听到小艺的消息了。但我还记得她母亲的哭诉：我辛辛苦苦供她读书，她怎么这么不争气呢？

小艺是一开始就放纵自我的吗？当然不，她是在错误的教育下，逐步沦落为一个“坏”孩子的。

父母对孩子的爱是理所当然的，他们自然是希望孩子好，但并不是所有人都拥有爱的能力，也不是所有父母都懂得如何去爱。很多时候，孩子可能是被他们亲手“教坏了”。

这两年我回归家庭，更多的是在相夫教子，在陪伴孩子成长的过程中，虽然有很多时候都疲惫不堪或力不从心，但我时时提醒自己不要犯错，平时也经常和其他妈妈、老师们取经。因为我知道，家长的教育太重要了，我的孩子们都是天然的璞玉，很可能会因为我雕琢的方法不当而毁掉。

这段时间，孩子去过几个幼儿园，经历过几位老师，也换过几个保姆。内心缺乏爱的老师和保姆都会认为带这个孩子是一个负担，因为他精力旺盛、淘气，甚至有个别老师向我们表达他认为孩子有问题，建议我们要带孩子去检查一下，把所有的责任和问题都归咎于孩子。

幸而有些专业常识的我，一直坚信这一定不是孩子的问题，一定是这些机构的教育理念及老师的能力有问题。果不其然，换了幼儿园以后，新的老师有耐心和爱去尊重孩子的天性，看到孩子的独特天性。

有爱的老师和陪伴者总会看到孩子的优点，他们觉得孩子的一切表现都是被允许的。每个孩子都需要时间去成长，也都是独特的：有独特的天赋，也有独特的特点，那是一笔等待挖掘的人生宝藏，不应该成为问题，更不应该成为成年人戴着有色眼镜看待的理由。

很多成人总是自以为是，用自己的偏见和自己的需求去看待纯真的孩子。

圣人说因材施教，真正的教育是充分尊重孩子的天性和独特之处，而不是从清闲好带的角度出发，以老师或大人的自我需要去控制、限制和要求孩子……对孩子成长教育的核心关键，是带着爱，充分地尊重孩子的独特个性和发展需求。

我深知，带我们家如此精力旺盛的宝贝非常辛苦，但有爱的老师和陪伴者从不抱怨，更不会把问题都归咎于孩子。他们懂得，孩子需要的只是时间、耐心和爱。因为只要拥有充足的专业能力，对孩子怀有充分的爱，面对独特的孩子时，他们也不会力不从心。

当然，我很庆幸我们家的宝贝遇到了真正有爱的老师和守护者。

不存在有问题的孩子，有问题的是家长和老师的陪伴能力与爱。

每个孩子都是正在展开的奥秘，这需要我们有爱的能力去发现。这几年，对孩子用心的陪伴，也让我收获了很多；孩子纯净的心如明镜，照见了生命深处的力量，也让我更加懂得从自己的心中获得爱的能量，提升自己爱的能力。

在母亲节之际，想借此对每一位母亲以及正在从事陪护孩子的工作者说：每个孩子都是独一无二的，是正在等待我们陪伴和探索的宝藏，是上天恩赐我们的礼物。请用满满的爱去对待和陪伴每一个有缘与我们相遇的孩子。他们能够照见我们自身的问题，帮助我们成长，教会我们什么是爱。

14. 爸爸不缺席，才是对孩子的富养

在孩子心中，他的爸爸是一个什么样的形象呢？

是天真快乐的玩伴，是温暖仁厚的朋友，是学识渊博的老师，是担当可靠的父亲，还是做人的榜样？

在我看来，一个合格的宝爸应该是独立上进、可严肃可亲近的。

生活当中，我很喜欢观察小孩子。孩子们总是不自觉地要靠近爸爸、依偎着爸爸，很多孩子比依赖妈妈还要依赖爸爸。我家三个孩子在爸爸出差的时候，常常会半夜思念难忍，起床找爸爸。

随着成长，留在孩子心中的父亲形象，一定关乎思想和

精神，是他灵魂的模样。所以说，父亲对孩子一生，都会产生巨大深刻的影响。

我在成长中非常缺乏父爱，我的父亲甚至是个反面案例。

因为个人性情的原因，父亲对我们兄弟姊妹长期实行斥责式、打压式的教育，也经常与母亲发生争执。在童年的我眼中，父亲所在之处，空气都是紧张恐惧、充满距离感的。

他一直努力工作以求改善家人的生活，努力地在为家庭开拓，但是对于小孩子而言，父亲的欣赏、接纳、亲近与陪伴，比吃得好、穿得好更重要。

在我幼年时，总会苦恼于父亲的斥责和严苛。我初中有位同学，他的父亲非常和蔼，总是笑眯眯的。他是一位文化从业者，每次见到他，不是在读书，就是在写字，虽然话也不多，但眼睛里、笑容里都包含着对孩子的爱与欣赏。这位同学因而享有了幼年的我所不能企及的自由和快乐，她在父亲的影响下热爱读书、性格温和，是所有同学都想跟她做朋友的那类人，是女孩子们羡慕的焦点。

相对于我同学的父亲，我父亲的眼神是陌生的、拒人千里的，直至今天我依然无法与父亲亲近。从小缺失温暖的父爱，缺少与父亲全然的亲近，这也导致我在两性关系中，总是冥冥地在寻找一种父爱的温暖。我从来没有喜欢过跟我同龄的男生，因为我潜意识希望一个年长的男人能够弥补我内心父爱的缺失。

这是原生家庭的巨大影响，如影随形地跟随孩子一生，希望年轻的父母引以为戒。

我很庆幸，张导是一位很优秀的父亲，给了我的孩子们温暖和陪伴，那将是他们成长道路上的第一笔宝贵财富。

父亲的爱，会给孩子足够的温暖和自信。理想的父亲应当是一个充满爱的人，并且要毫不吝惜地表达爱，密切地与孩子们互动。张导做得很棒，他拥有富足的爱与能量，懂得爱，也很愿意表达爱，给予了孩子们充足的温暖。我的父亲在幼年让我恐惧、让我远离，令我缺乏安全感和信任感，在很长一段时间内，我都曾经怀疑父亲是否爱我，这种不确定直接影响了我的择偶观。

我的孩子们很幸运，在孩子们的婴儿期，张导几乎每天都哄他们睡觉，给他们换尿布；长大一些，张导经常拥抱他们，解答他们千奇百怪的问题，让孩子感受到满满的爱……这些都让孩子成长得茁壮饱满，内心充满力量。

不管男孩儿还是女孩儿，陪伴和表达爱都是生命成长所需的充分营养，只有得到父亲充分陪伴的孩子，才会无忧无虑地长大，而不是像我幼年那样，充满不安全感。

父亲的爱，还会帮助孩子建立起内心的自信。我在读《梁启超和他的儿女们》时深受感动，梁启超是一个非常懂得欣赏、尊重和鼓励孩子的父亲。他从未挑剔过自己的子女，从未责备过自己的子女，最终他的子女们是“一门三院士，九子皆才俊”。

无论是哪个儿子、女儿，甚至儿媳、亲戚家的小孩儿，梁启超都给予发自内心的肯定、循循善诱的引导，以各种方式表达着对子女的爱。这一点上，张导也是如此，他总是毫不掩饰地表达对孩子们的肯定与欣赏，尊重孩子们的兴趣和小脾气。

父亲的爱，还会在不知不觉中感染到孩子，让自己成为孩子们学习的榜样，俗话说“龙生龙、凤生凤”，大概就是这个意思吧。做事光明磊落、心地善良的父亲，大多会教育出顶天立地、堂堂正正的孩子。

张导是个大侠一样的人物，潜移默化地给予了孩子们很多好的引导和教育。

他很勤劳，在家事事亲力亲为，虽然有保姆、司机和助理，他却事无巨细，亲力亲为。亲自修理、亲自买菜、亲自打扫、亲自下厨……亲自解决家庭中的任何大事小事。他就像是一台永远都在解决问题的机器，乐此不疲，不知疲倦。

我有时候心疼他：有这么多专门处理这些事的人，你只要告诉他们怎么做就好了，干吗总亲自去把他们的分内事给做了？

张导笑一笑，下次遇到琐事，依然还是自己动手。

跟大家透露一个秘密，从孩子出生之后到现在，晚上哭闹哄睡的负责人都是张导。我只需要喂奶，喂好奶之后的拍嗝、哄睡则都由他负责。从嘟宝出生的第一天起到现在，我们从没有舍得让他跟月嫂或阿姨睡，一直都是让嘟宝睡在我们中间，由我们亲自照顾。

嘟宝两个月的时候，闹觉特别严重，也都是张导晚上一个人抱着哄，有时我三四点睁眼，还看他在床头抱着孩子走来晃去……那时的他也已经累得筋疲力尽，但还是把这一切都承担了起来。

时间长了，嘟嘟侠很是依赖爸爸，一睁眼看不到爸爸，立刻哭起来，晚上也只能在爸爸怀里才能安心睡着，每天叫爸爸的次数比叫妈妈多得多，有时甚至喊妈妈都是冲着爸爸喊的……可见，张导这份深厚细致的爱，让孩子产生了信任和依赖。

都说孩子要富养，我想，最好的富养其实是父亲的陪伴吧。

15. 孩子是独立的生命，我们要学会放手

我曾留学七年，对西方那套养孩子的理论比较熟悉，也一度觉得他们非常民主，亲子关系很和谐。在我自己当了妈妈以后，就时时提醒自己：千万不要大包大揽，要懂得给孩子自由。

父母放手，孩子才能展翅高飞。

育儿是父母的二次成长，也是我们回顾过往的契机。

回顾自己的成长历程，我非常感激父母没有过多干涉我的成长发展。因为能力局限，他们无力干涉我的成长，却恰好给予了我自由发展的空间，让我从创伤中走出来，不断自我成长、自我完善，成为如今的模样。

而我幼年曾经羡慕的某某长官、某某富商的孩子，却在父母的过度保护和安排下，过着乏善可陈的生活。

任何命运的赠予都在暗中标好了价钱。他们自小家境优渥，在父母奋斗的成果之上乐享其成，实际上是在被父母"投喂"和"安排"，也被剥夺了自立自强、自食其力的能力，随着年龄增长和社会变化，曾经依靠父母的他们已经失去了生存能力。这不能不说是一种可悲。

这种现象非常多见，并且越演越烈。当了妈妈以后，我就常常反思自己，并且想要告诉所有的父母们：爱不是控制和占有！

很多的父母因为空虚，缺乏将自己的生命过得精彩的能力，有了孩子之后就会将所有精力投射到孩子身上，对孩子的人生进行安排和掌控。一旦孩子要独立成长，脱离自己的掌控，他们就会施加各种压力。

这种病态的母子关系、父女关系屡见不鲜。

甚至，很多的婆媳矛盾就是来源于这种不健康的母子关系。当儿子娶妻生子，要过自己的家庭生活，婆婆就会"插足"到小家庭中，以各种方式寻找自己的存在感。同样地，我们也看到有很多父亲非常警惕女儿的追求者，总是过于挑剔女儿的男朋友或者老公，造成女儿在爱情和家庭关系上的失败。

我曾看过一部反映亲子关系的短片：儿子在出生之后依旧保留着脐带，在儿子成长过程中，母亲随时可以通过脐带把儿子拽回来。当儿子有了爱恋对象，母亲可以随时把儿子拽回来。随着时间流逝，两个人的年纪越来越大，终于捆绑着过完了这一生……

多少父母虽然剪断了孩子的脐带，却依旧保留着这根无形的脐带。

对儿女的关爱无可厚非，但当这种爱越界，变质成为控制和占有，亲子关系就不再健康，儿女的独立过程就会被打断，儿女的亲密关系也就会随之遭受影响。孩子们在成长之路上，充斥着被掌控和被占有的难言伤痛，平添无数艰难！这种疲惫、痛苦和委屈，甚至有可能影响人际交往、工作等。

我曾有一个同学，一生都在接受家人的“安排”。她的父母在当地很有实力，为她安排学校、安排工作、安排结婚对象……看起来，她过得顺风顺水，然而天有不测风云，人到中年，她遭受婚姻背叛和父母失势，一时间失去了所有的依靠。但她也没有养成任何生存的能力，不知如何生活下去。

即便没有遭受这些变故，她的人生也乏善可陈，因为她没有发自内心的热爱，没有任何积极的进取，也谈不上任何精彩，她的人生里只有听从。

父母之爱子，则为之计深远。长远来看，没有谁是谁的终生依靠，而且精彩的人生必定是不断精进发展的人生，只有放手，才能让自己的孩子振翅高飞。

每一个孩子都是带着自己的禀赋来到世界上的，父母有根基的领域未必是孩子禀赋、天资所在，他们的人生终究要靠自己开拓进取，才能创造精彩。

我相信人的秉性是可以不受后天环境的影响的，就像在《大秦帝国》中芈太后对儿子秦昭襄王说："你根本不是我儿子，是借我的肚子生出来的王！"

在我看来，我们每个父母都要有这样的觉悟和胸怀，都要有让孩子独立成长、拥有自己的精彩的格局。

父女也好，母子也好，都是一种缘分。这缘分还有一层深刻的本质：你们终究是两个独立的个体。孩子是借父母的肚子出生，去体验自己的人生，铸就自己的生命。每个孩子都有独一无二的"天命"，有他要做的事情、要走的路，而这些与父母并无太多关联。

当孩子稚嫩弱小之时，需要父母的保护和哺育。我们出于父爱、母爱，倾尽全力给予孩子充分的爱与快乐，给予孩子安全感。而当孩子终于长大成人，要去闯荡自己的人生，父母应当给予祝福，并在孩子需要的时候给予支持，而不是强留孩子或者打压孩子的个体成长。

父母之爱是伟大的，但不能以爱为名对孩子进行占有和控制，在界限内对孩子的爱、有分寸的爱，才是美好的，才是对孩子的生命滋养！

16．娃的优秀不是逼出来的

其实这个问题，与家里的条件没关系，主要关乎父母对于孩子的教育心态和认知观念。无论是工薪阶层还是经济条件好的家庭，都会有喜欢“鸡娃”的家长。

我是不赞同“鸡娃”的，我自己也不会这样做。

有的家庭特别希望孩子能够出人头地，寄希望于孩子能改变自己的命运，把所有的希望寄托在孩子身上，让孩子背负沉重的压力。看似家长为孩子提供了很多条件，看似是家长给予了孩子很多关爱，看似家长是为孩子好，但实际上这会让孩子内心压力巨大甚至扭曲。

我记得之前看过一则报道，一个母亲为了送孩子出国读书拼命赚钱、受尽苦楚。但孩子不了解这个过程，以为一切都是轻而易举而来的，于是恣意挥霍。甚至因为母亲不能满足自己的要求而暴怒，持刀行凶刺伤了母亲。母亲在法庭请求轻判儿子，哭诉生活多么不易时，孩子却表示母亲所有的辛酸他都不知情。

所以我一直都建议要以健康的心态去看待孩子的成长。我这本书从头到尾都在说，孩子的快乐，孩子的健康人格才是最重要的，而不是如何逼迫他取得成功。

一个人格健全的人才有向上生长的积极性，才有努力向前的内驱力。

我也有一些条件很好的朋友，他们希望给孩子创造一切，但也有一些朋友的关注点只在于孩子是不是快乐。这都有些极端。

每一对父母都希望孩子好，会为了孩子而去奋斗创造。父母可以尽自己的努力去给孩子创造一个快乐的童年，可以创造快乐的人生经历。我们可以带孩子一起去旅行，一起去度过快乐的假期。有钱就有钱过，没钱就没钱过。但快乐不是用钱衡量的，是通过我们陪伴孩子一起度过的时光来衡量的。孩子的快乐也不是用钱可以买到的，并不一定说非得要去迪士尼乐园才能快乐，孩子跑到乡村也会快乐。重要的是，我们要用心地陪伴孩子。

我一直不主张没钱还一定要给孩子最贵的——很多人认为，所谓最好的就得是最贵的。

就如同我不赞同虚荣地去追逐奢侈品或者名牌，有一些年轻女性会倾尽所有去买一个爱马仕包。如果家里的条件已经到达把奢侈品作为日常消费的程度，消费奢侈品无可厚非。但如果是需要打破生活的平衡拼尽全力去追逐这么一个包或者其他任何的东西，它的性质就会改变，不再是一个日常使用的物品。同样，激进地去追逐，给孩子贴各种标签，那么养育孩子的性质也会改变。你的生活也会随之发生改变，不再平和。

我们需要在一种平和的状态下生活，要懂得“中庸”的智慧。

我很多极为富有的家庭，他们有条件给孩子全盘提供奢侈品和大牌，他们的孩子却很朴素。因为他们能够很正确地看待这些事情，能够给到孩子的是良好的人格修养和正确的价值观念。而很多“土豪”给孩子提供了奢侈的一切，唯独没有提供良好的人格修养和价值观。

我不仅不赞成“鸡娃”，而且不赞成用这样的态度去生活。我不让我的孩子上最好的幼儿园，我的小孩儿都是在我家门口的幼儿园上学。我的孩子也基本上没有名牌服饰，穿得非常朴实，大多是我淘宝买的。我觉得没有必要去给小孩子追求什么大牌，一切都要回归本质，衣服就是面料好不伤害孩子、穿上得体就好了。

孩子的优秀，不是靠不断报班、不断跟人比较、不断施压就能获得，正确的价值观引导、用心的陪伴以及父母自身的不断努力，会让孩子得到正面影响，激发他的内驱力，从而自己想努力变得更好。这才是最好的“鸡娃”方式。

17. 小孩子也需要朋友圈

小朋友从上幼儿园，他就要开始进入群体，步入社会。

对于孩子社交能力的培养，一方面家长要给孩子创造社交的机会，另一方面就是要懂得放手。我们家长经常可以约其他小朋友的家长一起聚会，促使孩子们能够多交朋友，给他们创造社交圈；可以带着孩子们到一些公共的场合跟朋友的孩子们在一起，放手让孩子们一起玩儿。

让孩子自己在这种社交圈中去自我成长、自我克服，发展出他的社交能力。像我带着孩子去外面玩的时候，我会故意把他放在小朋友圈子里，让他自己去面对。或者我带他去上早教的时候，如果他要跟别的小朋友抢东西或者别的小朋友来抢他的东西，我都不会去干涉，只在一旁观察，看他会怎么反应，怎么处理，但我不会去干预他。

有一些家长看到孩子去拿别的小朋友的东西的时候，就会干涉他：不要拿别人的东西，赶快坐回到你自己的地方，别人的东西是不可以拿的。

而我随便他去拿。比如，别的家长带着小朋友在吃东西，他也跑过去想要吃，我就让他去，让他自己去面对，看这个家长会不会给他，别的小朋友会不会给他。如果给他了，你就要让他说“谢谢”。放手让他去增长社交能力，绝对不去打扰他的社交圈。所以我们一定要放手，家长不要干预孩子，不要替他做选择。

只要孩子没有做伤害别人的事情，家长就不必干涉，放手让孩子去社交。

在幼儿园和学校里比较经常遇到的情况是孩子之间欺负别人或者被人欺负。如果孩子被欺负了，那么首先要找到老师，让老师起到一个监管的作用；同时呢，还要跟孩子说：“我们一定要勇敢，要有自我保护的能力。当别人欺负你的时候不能够退缩，你要有勇气。但我不是在教你去伤害别人，一旦别的小朋友要来侵犯你、欺负你的时候，你不要怕，一定要阻止他。另外，遇到这种情况，你要及时地告诉老师。”因为孩子一定是要去独立面对社会的，你要教他有反抗的勇气。如果我们没有教他反抗的能力，他以后在社会上就总是会成为那个被欺负的角色。

说到这里，男孩儿的成长，一定需要父亲必要的陪伴和参与。男孩子需要从父亲身上学到力量、勇气，他需要学习到男人的品质。

很多时候，孩子之间的矛盾还牵扯到老师、学校的态度。像我们家马丁会经常收到老师的投诉，说他很淘气，会欺负别的小朋友。当然我们也会从思想上来教育他不能欺负别人，从行为上为他做好的榜样。但对于马丁淘气这件事情，我也会很注意老师和学校的态度。如果老师的口吻是带着对马丁的关心，带着对其他小朋友的关爱，那么我是放心的；但如果老师把他当成一种麻烦，是一种不耐烦的语气，那么我就会重新考量这个老师和学校。孩子各有天性，无所谓好坏，只要有充足的爱和教育，都能健康地成长。马丁确实更加好动、喜欢自由。他幼儿园期间，我给他换了好几个幼儿园，就是因为发现有的老师并不能真正爱他、不能给他好的教育。甚至有老师给马丁贴标签，说他有自闭症，建议送去特殊训练的学校。我也带他去看过医生，结果是他并没有自闭症，也许只是那位老师把马丁当成一种麻烦才这样认为的。我也没有把马丁送去特殊的学校，而是送到了另一所正常的小学。因为孩子是家长塑造出来的，你如果把自己的孩子当成问题少年，他就真的变成了问题少年；如果你把他放在正常人的圈子里，他就是正常人。

现在，马丁就读的学校的老师很爱他，马丁也一天天更加懂事。我是放心的。

18. 奠一生之基，立千里之志

养育孩子，最重要的是要养育孩子的心灵，养育孩子的生命，为孩子的一生奠定基础。

三国时的嵇康在《家诫》中认为："人无志，非人也。"

立志是培养孩子人格、建设孩子心灵世界的第一步。我们要让孩子志向远大、心胸开阔，让他们主动开拓自己的生命，以深厚的动力和饱满的精神去走一生的道路。

我们应当引导孩子、帮助孩子去规划自己的人生，去立下人生的志向。这种志向不是世俗的功利的，而是关乎生命形态与人格的志向。你想长大以后成为一个什么样的人？为社会做什么贡献？

在立下志向的时候，我们还可以帮助孩子制订成长的策略，十岁以前达到什么样的成长，十岁至二十岁要实现什么样的成长，等等。像一个个灯塔一样，指引孩子生命前行的方向，让他能够在成长的路上砥砺前行。

谷爱凌从小立定了取得滑雪世界冠军的人生志向，在这条路上一路向前，最终取得了成功。

那些在某一领域有特别突出成就、非常卓越的人，往往是年少就立定志向的人。

父母不可能陪伴孩子一生，即便是父母陪伴孩子的岁月里，也不能一直通过监管来教育孩子。

但是只要孩子能够立下远大的志向，他会在远大志向的指引下，自觉、自主、自动地去成长，为了实现自己的志向他就会自我督促。而当志向远大的时候，他会去走正道而不会走上歪门邪道。

当然，志向必须是孩子自己的意愿，而不是父母强加给孩子的。孩子的志向应当是在生命品质的提升上，而不是在世俗功利的取得上。相对于各种才艺培训、奥数培训，我们更应该培训孩子的是：音乐家贝多芬是一个什么样心灵品质的人？他的坚韧顽强、不屈不挠、志诚热爱才是我们要去学习的。数学家华罗庚是一个什么样的人？文学家福楼拜是一个心灵什么样的人？

我们在生活中陪伴孩子成长的时候，尤其要注重给孩子讲一些过往名人的故事，引导孩子去感受这些先贤的心灵品质，可以在适当的时机去启发孩子：你愿不愿意做一个像贝多芬一样坚韧不拔的人？你愿不愿意做一个像福楼拜一样勤奋自强的人？当我们与孩子一同阅读经典，也可以引导孩子去感受君子之德、圣贤之德。引导孩子去思考：你愿不愿意做一个君子？想不想成为圣贤那样的人？愿不愿意成为乔峰一样的大侠？

积土成山，风雨兴焉；积水成渊，蛟龙生焉；积善成德，而神明自得，圣心备焉。日行一善，日日精进。正是一天天的养育引导行为，让孩子从小逐渐积淀出高尚的心灵品质，支撑起远大的志向。

立志一定要远大。

每个孩子都是带着自己的天赋而来的，蕴藏着深厚的潜能，每个孩子都可以有所成就、取得成功。

其实大多数人的天赋智力都是差不多的，有的人从小就走在正确的道路上，向着正确的方向前行。同时，很多人却在迷茫、方向混乱、失误的过程中消耗了宝贵的时光。

当孩子在幼年时就开始思索人生的志向，正要让孩子从幼年开始就走在正确的方向上。立志一定要远大，那么在以后的人生中充满了奋斗的动力，充满了面对世界的热情，会在学习的时候坚实地去夯实人生的基础，在遇到问题时也能够勇于面对、积极探索。

志向远大的人，心胸也会更开阔。

孩子幼年立志，能够促使孩子养成坚韧的意志力。当内心对自己的目标是明确的，就不会被手机游戏这些短暂的玩乐所诱惑，不会被生活中一些挫折打倒，就会更加明辨是非、勉力自强。

远大的志向不是一天就能树立起来的，是需要持续不断地积累和启发。

在孩子年纪还小的时候，是不能清楚地表达自己内心的志向的。但我们还是可以不断地启发他去思考。

在孩子逐渐长大的过程中，志向可能会有很多变化。这都是很正常的，因为随着对世界的认知加深，每个人的想法都会发生变化。只要是他不断思考世界的结果，那就是值得鼓励的。

父母要与孩子交流关于立志的想法，鼓励孩子不断深化思考，在走向成年之时真正能够立下远大坚定的志向。

父母能够给予孩子的不仅是肉体的生命，还有精神生命。

孩子的精神成长，也是父母教养孩子必须要负起的责任。

19. 放下手机，亲子共读

“这是一个最好的时代，也是一个最坏的时代；这是一个智慧的年代，也是一个愚蠢的年代；人们面前应有尽有，人们面前一无所有。”

这是一个人们用手机娱乐的时代，也是人们被手机迫害的年代。

手机的危害不言而喻。手机的碎片化信息会让人心神散乱，马一浮先生曾说过，“人心之病，莫过于昏沉散乱”。而沉迷手机最容易患上这种人心的重病。我家没有电视，我们也不看电视。因为电视也容易让人心神陷落，头脑昏沉。

对于心智已经成熟的成年人而言，尚且难以克服这种“人心之病”，何况是对于心智正在萌发成长的孩子们呢？

当人们将大部分时间用在手机上，家中的父母哪怕在家里也总是举着手机，孩子会产生什么认知呢？

孩子会认为手机一定是非常好玩的东西，所以爸爸妈妈才只玩手机。

孩子也一定会对手机产生浓厚的兴趣，因为孩子天然地要与父母在一起。

缺乏读书的榜样，没有父母的引导和陪伴，孩子会觉得书是枯燥无味的，是有压力的。

我们真的需要放下手机去读书。这不仅是为了自己的生命成长，也是为了给孩子创造一个充满书香气息的成长环境。

亲子共读不该是刻意去创造的亲子互动环节，是日常生活的自然熏染。

就我们家而言，我们家有很多书。书籍给予人系统丰富的知识滋养，是无可替代的。而且，虽然家里有很多别人送的各种电子阅读器，但我仍然觉得应该阅读纸质书籍。我喜欢边读书边做笔记，在这一点上纸质书更为方便。而且，纸质书给人的能量与电子书是完全不同的，那种扎实耕耘的阅读体验和阅读收获都是生命的养分。

我和先生都很爱读书，只要是工作之余有空闲，立刻会拿起书来读。先生常说“不怕慢，就怕站”，读书也是这样的。开卷有益，哪怕每天读的书只有一两页、一两行，日积月累也将脱胎换骨。

因为我们总爱读书，孩子们也喜欢在我们读书的时候参与。孩子是一张白纸，不会睁开眼睛就去抢手机，也不会自发产生读书苦不苦之类的想法。只要父母用自己的行为创造热爱读书的家庭氛围，适当加以引导，让孩子参与到阅读书籍的快乐和美好中，孩子就会自然而然地养成对书籍的喜爱和阅读的习惯。这样教养出的孩子，他的认知中书籍就是最好玩、最能给人愉悦的。对于父母而言，重要的不是让尚未认全字的孩子在读书中获得多少知识，而是要帮助孩子们养成阅读的习惯。

当然，我们也会选择一些适合孩子的绘本为孩子讲读，享受一段更为欢乐的亲子时光。

即便我家的两个小宝贝都还只有一两岁，但在长期读书氛围的熏染下，他们总喜欢抱着书研究，拿着书探索，还会在我读书的时候抢过我的书来写写画画，这成了我甜蜜的烦恼。

父母希望孩子养成什么习惯，长成什么样子，就要自己先去做出来，养成那样的习惯，成长为更好的样子。说教无法抵达孩子们的成长，只有切实地行动才能真正滋养他们的内心。

20. 让孩子信任你，他才会什么都告诉你

因为我有一个失败的童年，童年的经历给我造成了诸多创伤，所以我通过很多的学习和成长，去理解创伤背后的原因。当你理解创伤发生的机制之后，能够让创伤得到释放，能够去原谅，也能拥有正确的方法去成长。一路的成长过程成为我宝贵的经验，让我在养育孩子的过程中避免出现同样的漏洞。

很多时候人生的苦难是礼物，当你经历过这些苦难，也收获了苦难带给你的这些宝贵的经验和成长，便会发现苦难的背后往往是带着礼物的。当你有这种意识，也会有这种知觉。如果你一直是被人宠大的，你是不会有这种知觉的。正

如，我所有的经验都不是凭空而来，那是一生的心路历程。

因为我的父母是指责型和控制型的：你做什么都是不对的，除非按照他们的要求做，所以你肯定不敢把自己的任何事情都告诉他们。因此，我养成了什么事情都不会告诉父母的习惯，什么事情也不会找他们商量。因为我知道，告诉他们也无法获得理解和支持。

我之所以觉得自己是最痛苦的，就是因为没有一对能够信任我的父母。哪怕感情受了创伤，我都不敢告诉他们。如果是在一些亲子之间彼此信任的家庭，父母会给孩子想办法，在关键的时候保护孩子。像国外一些在亲子信任方面做得很好的家庭，父母会在孩子恋爱的时候帮他们准备安全套，让孩子保护好自己。

那么，如何建立亲子之间的信任呢？

首先，一定不能成为一个指责型的父母，要给予孩子充足的爱，成为孩子信任的人。父母要把自己放在孩子的位置上，与孩子讨论问题，跟孩子共情。而不是以一个过来人的姿态指手画脚或者以父母的权威命令。在成长中，有一些错是他必须要去经历的，有一些尝试是必须要做的。共情之后，再帮他想办法，帮助他、支持他。

比如恋爱，你不能说，我以过来人的角度告诉你：你的恋爱对象绝对不适合你，你不要对他或她产生感情。如果孩子此时已经产生了情愫，你首先要去倾听，带入他的真实感受，了解他是怎么想的，站在孩子的角度去跟他共情，与孩子敞开地沟通，然后提醒他可能会有的危险，告诉他不能怀孕，不能受到伤害。

如果你没有及时地把如何避免伤害的事情告诉他，那么他也许走向更坏的结果。所以你一定要成为孩子信任的人，才能够更好地保护他、陪伴他，一起经历人生和成长。

再比如，孩子的成绩问题。一旦成绩不好，回家就挨打挨骂，那么孩子逐渐就不敢告诉家长自己的学习难题，而且会越来越不爱学习。如果我们家长能够自省，能够自我察觉，能够站在孩子的角度上思考问题，就会明白到：你也有学习不好的时候，难道学习了一定都会成绩好吗？那么，这次没考好没关系，我们分析一下原因：是怎么没有考好的？不喜欢这个课吗？这个老师教得不好？只有家长站在孩子的角度看待问题，才能帮助他一起走过来。

21. 豪门公子和寒门贵子？

其实，无论是条件好的家庭还是条件不好的家庭，都可以出贵子。

我认为的“贵”，是人品高贵；我认为的“豪门”，是品德上的富足。

我观察身边条件好的家庭，但凡是靠自己的打拼而积累起财富和有所成就的人，一定是在品德上有过人之处的。要么是特别善良、宽厚待人；要么是特别包容、承载；要么是特别有魄力、有胆量……他们身上都有光辉的品质。一个人要做成事情是很不容易的，如果没有很多善缘来成就和帮助，是不可能成事的。一个人如果没有大度包容的气量，也是很难承载大事的。

这样的家长往往非常注重教育孩子如何做人，这样的家庭中教养出来的小孩儿，也往往有着卓越的品格。

也有一些条件一般的家庭把孩子宠得没边儿，甚至家长打各种工供着孩子上最好的学校。我还真的遇到过一对夫妻，他们挣钱很不容易，但就是要培养自己的小孩儿有出息。孩子有演员梦，要上影视学院学习表演。虽然没有这方面的天赋，但家长为着小孩儿的梦想省吃俭用，不惜一切代价希望孩子出人头地。父母不惜一切代价的宠溺，反而会助长孩子的“公子”习气。

如果缺少切身的体会和经历，大家往往对有钱的人有一种偏见，仿佛他们的财富是天上掉下来的。其实不是的，我认识的所有的有钱人，没有一个不是通过自己超出常人的努力打拼积累而得来的。

很多人会觉得自己也很不容易但赚不到钱，别人好像很容易就能成功。那真的需要去反思问题到底出在哪里，我们必须要有自我反思的能力。人家成功一定是有原因的，我们之所以没有成功是什么原因呢？是不是努力不够？又或者是做事没有做到足够好？

真正的豪门中很少产生“公子哥”，在我的经历中，很多条件好的家长都特别注重教育孩子好好做人，要善待他人，要成就他人。即便是已经积攒了很多财富，家里的孩子也依旧在努力打拼、努力工作，没有不劳而获。

总而言之，家庭的经济条件并不能决定是否出“贵子”。能否养出“贵子”，主要在于父母对孩子的养育，在于父母对子女言传身教而养成的人格。能够养出“贵子”的家庭一定是充满着爱、充满着高贵品德的家庭。所以，我们父母首先要树立正确的价值观念和认知，正确地看待生命、看待人事物、看待这个社会。父母在价值观念和品格方面给予孩子的熏陶，会成为他生命的底色，而以后遇到再多的事都很难改变这个底色。

22. 智商和情商

我并不认同情商是一种技巧，是一种周游于复杂的关系而不得罪人甚至让所有人都喜欢你的技巧。我觉得这种所谓的“情商”其实是一种伎俩。

我认为，真正的情商是基于善良、基于内心有爱、基于有大智慧大胸怀而呈现出的一种让人如沐春风的生命状态。

我特别喜欢我先生的一句话：以阳谋对抗阴谋。

当你的内心真的有根基，有爱、有善良，有大度、有包容，有承载、有气量、有担当的时候，其实你不用什么情商，就会是高情商。因为你在跟别人相处的时候，不会只考虑自己的私利，你肯定特别乐意成就别人，以助人为本，不做损人利己的事。即便出现了矛盾，你也一定会表现出宽和、善良和温暖。

当你始终能够善待别人，能够隐忍退让，能够慷慨分享，能够在别人伤害你却不过多计较而选择大度宽容的时候，你还要什么情商？你在正道上，而不是在“术”上。

所以认知事情，要去看到它的根本，而不是表象。我的这本亲子的书讲的就是根本，而不是讲那些成功学表象。有很多书在谈如何让你的孩子成才，如何让你的孩子考上哈佛……这些叫成功学，不叫成功。

当然，从我的角度看，身边的成功人士共同的特点确实是会做人，从统计学的角度来说，成功的人确实是很有情商的。什么叫作情商和会做人呢？我觉得他们的统一特点就是很慷慨，很喜欢给予，然后不计较。不会让一件事积压在心里面，成为一个结。我的先生也是这样的，不管发生什么事情，他都不会将之装在心里一直到明天。俗话说“宰相肚里能撑船”，当你的心胸已经如大海一般广阔，一点点波澜真的会影响到你吗？

所以，所谓高情商之道，就是我们一定要让自己更加幸福，更宽广地拓展自己内心的空间，更好地面对人际关系，让自己的内心更光明、更有爱。

如果你在单位里一直乐于助人、乐于承担，遇到好处愿意退让，那你肯定有好人缘，这还需要什么情商呢？我觉得要教给孩子的不是一种伎俩，而是做人的品质。因为我知道，哪怕懂得再多的伎俩，能够八面玲珑、左右逢源，这都只是为了生存而讨好的技术，不是真实的状态；如此生活，他的内心一定不会快乐。而我们希望孩子是快乐的，哪怕他是吃亏的，但他是一个人格光辉而内心快乐的人。

23. 绝对不能忽视孩子的逆商

我们不要去比较情商、智商和逆商的重要性，我觉得都是很重要的。

智商是什么呢？智商高不是说你有多聪明，而是说你有大智慧，有领悟力。学习好不代表智商高，有智慧的人也许让人感觉是愚钝的，但人家只是不耍小聪明，在大事上能有智慧的决策，比如对于人生方向的选择，对于很多事情的判断。

当然，大智慧也需要我们内心的人品和人格去拓展和承载，从而走向智慧之路的方向。智慧是可以修习出来的，并不是天生的。

我不是一个有情商伎俩的人，但我要做一个有大智慧的人。我一直在学习如何“抓大放小”，对任何人事物都抓住本质而包容无关紧要的毛病，要让自己有更多的这种承载力、包容力。哪怕到今天，我都可能会因为我的真实和耿直去得罪一些人，但我觉得自己问心无愧。真正了解我的人，都知道我是善良的，知道我的人品很好，是一个很光明的人。我觉得自己活得问心无愧，至关重要。

另外，当你以大智慧去生活的时候，老天会给你回报。因为你没有害过人，没有让别人吃过亏，你在所有关键的节点都选择正确地对待外在的人事物，总会以一份善心，甚至是慈悲心去对待跟你交际过的所有人。你的内心经常会发一种慈悲、一种善念，那么老天为什么不回报你呢？

一些人也许由于高超的情商技巧而很受欢迎，朋友到处都是。可这种人其实存的都是私心，表现出来的都是伪善，所以他们都是走不远的，那些情商都是装的。对我来说，情商是发自于你内心的真正的善和爱。

回到逆商的问题。

逆商非常重要，像我们这样的家庭，可以给孩子最好的一切，真的可以满足他所有的物质需求，但我们不会轻易满足他，不会给他最好的东西。我们希望以平常心来对待孩子，我们过的就是老百姓的生活，要让他们知道珍惜，知道生活中是有困难和阻碍的。

我会特意让孩子们知道要懂得珍惜，不要浪费。我们家的玩具也是玩过一段时间才买新的，而不是因为条件好就买很多。当然，我们在衣食住行各个方面不会去追求名牌，玩具上也不会，很多都是我在网上买来的。

更重要的是，孩子的玩具是不是他所需要的，能不能给他带来快乐，能不能给他带来一种拓展，帮助他开发某方面的能力？这个玩具买回来有没有充分发挥它的作用？绘本有没有读完？要经过衡量再去购置新的玩具和绘本。

我的父母给我最大的礼物，也许就是我的逆商。逆商在我的人生之中帮助非常大。我的父母是完全不能够在我的人生道路上给我任何帮助的人，一切都要靠我自己。甚至他们还曾多次陷入困境，需要依靠我来帮他们解围。所以成长之路上，我多次面临着明天该何去何从的难题。

我去法国留学的那天，只带着支撑不了一年的生活费远赴他乡。我知道踏出国门之后，一切要靠自己。如果断了口粮，我的父母没有能力再继续供应我，而我也不允许自己让他们给我借钱。

我在人生路上很多次面临走投无路的境况，可我真的都扛了下来。而且我是越挫越勇型的，一旦外在的压力或者阻抗力来打压我的时候，我内心都有一个声音：我一定要振翅高飞，我一定要从低谷里面爬起来！任何外在的打击都会激发我内在的动力，让我在每一次的打击、每一次的磨难中走出来，变得更好。

我从来没有被磨难打倒。有一些人被磨难打压下去，就开始妄自菲薄、自闭痛苦、自暴自弃，把自己折磨得不行了，创伤了，颓废了，去酒吧了，买醉了……但我从未如此，我的逆商特别强，我不能让打压我的任何事情得逞，我不可以让任何伤害我的人看不起我，我一定要爬起来！我觉得自己就好像长在岩石下的小草，一定要穿冲破压在我身上的石头。

在我的人生路上，逆商对我的帮助很大。所以我对孩子们，相较于其他品质，也更看重逆商的培养。

所谓逆商，是需要在生活的一点一滴当中去养成的，如果我们总是让他很快就得到满足，而且轻而易举地满足，他不会珍惜、也不会体验到生活中是有困难、有阻力的。

我经常教导孩子们，爸爸出去挣钱很辛苦，用工作所得的收入来给你们买玩具、供你们读书，所以你们要珍惜拥有的东西，要感恩爸爸的付出。

平时，我也喜欢对孩子的要求进行延迟满足教育。例如他们每天都可以看一集动画片，时间自己决定。但如果可以先把我安排的学习任务都做完了再看，则可以一口气看两集动画片。

诸如此类长期大量的延迟满足教育，让孩子们的忍耐力肉眼可见地慢慢变强，同时也让孩子们懂得只要克服当前的困境，就可以获得更多更好的奖励。如此，逆商的增长就是水到渠成的事了。